CATALOGUE

DES

LIVRES RARES

ET PRÉCIEUX

COMPOSANT LA

BIBLIOTHÈQUE DE M. P. G. P.

PARIS

A. DUREL, LIBRAIRE

9 ET 11, PASSAGE DU COMMERCE, 9 ET 11

21, RUE DE L'ANCIENNE-COMÉDIE, 21

1882

CATALOGUE

DES

LIVRES RARES

ET PRÉCIEUX

COMPOSANT LA

BIBLIOTHÈQUE DE M. P. G. P.

LA VENTE AURA LIEU

Le Lundi 6 février 1882 et les cinq jours suivants
à deux heures précises

HOTEL DES COMMISSAIRES-PRISEURS

SALLE N° 3, AU PREMIER

Par le ministère de Mᵉ MAURICE DELESTRE, commissaire-priseur,
rue Drouot, 27

Assisté de M. A. DUREL, libraire, 9 et 11, passage du Commerce,
21, rue de l'Ancienne-Comédie.

Exposition, le Dimanche 5 février 1882.

CONDITIONS DE LA VENTE

La vente se fait aux conditions d'usage. Les acquéreurs
payeront 5 p. 100 en sus des enchères applicables aux frais.

Les livres devront être collationnés sur place dans les vingt-
quatre heures de l'adjudication. Passé ce délai ou une fois sortis
de la salle de vente, ils ne seront repris pour aucune cause.

M. A. DUREL remplira les commissions des personnes qui
ne pourraient assister à la vente.

Paris. — Typ. G. Chamerot, 19, rue des Saints Pères. — 11895.

CATALOGUE

DES

LIVRES RARES

ET PRÉCIEUX

COMPOSANT LA

BIBLIOTHÈQUE DE M. P. G. P.

PARIS

A. DUREL. LIBRAIRE

9 ET 11, PASSAGE DU COMMERCE, 9 ET 11

21, RUE DE L'ANCIENNE-COMÉDIE, 21

1882

Ordre des Vacations

a

SIXIÈME VACATION. — *Samedi 11 février.*

		Numéros.
BELLES-LETTRES.	Poètes.	248 à 293
—	Théâtre.	363 à 379
—	. Poètes.	170 à 206
—	Fables et Contes.	324 à 337
—	Chansons.	339 à 340
—	— La Borde..	338

Les fac-similés du présent Catalogue ont été exécutés par la Maison Fernique, 31, rue de Fleurus, Paris.

PRÉFACE

La bibliothèque, dont ce catalogue est la description, a été composée dans le but de rassembler, comme en un musée rétrospectif, les éditions originales de toutes les œuvres illustres ou caractéristiques de notre littérature. Celui qui en a réuni patiemment les éléments si divers et si rares aurait voulu faire revivre, en quelque sorte, la physionomie native des grandes époques littéraires, et reconstituer l'œuvre de chaque auteur en particulier dans sa forme primesautière et pittoresque.

Par le nombre et par le choix des éditions princeps ainsi réunies comme autant de documents historiques, comme autant de témoins survivants, on pourra juger que le but poursuivi a été bien près d'être atteint.

Si ces précieux monuments du passé étaient classés, en effet, suivant leur ordre chronologique,

dans une galerie de musée, on pourrait embrasser
d'un seul coup d'œil la genèse de notre littérature
tout entière.

Tout d'abord on apercevrait la famille de nos
grands historiens, les ancêtres des premiers âges
de la langue nationale :

VILLEHARDOUIN. *La Conqueste de Constantinople* (1585).

JOINVILLE. *Chronique du très-chrétien Roy
Saint Loys IX du nom* (1547).

FROISSART. *Croniques de France, d'Angleterre,
d'Escoce* (1505), etc.

MONSTRELET. *Le premier, second et tiers volume*
(1512).

COMMINES. *Croniques du roy Charles huytieme*
(1528).

En face des premiers monuments de la prose
française, se placerait le premier monument de
la poésie, l'édition princeps infiniment précieuse
du ROMMANT DE LA ROSE, de 1485.

Puis viendraient successivement :

ALAIN CHARTIER. *Les Faiz maistre Alain
Chartier.* Première et rare édition de 1489. —
La Belle Dame sans merci. In-4 gothique
très-rare.

LES CENT NOUVELLES NOUVELLES. In-4 gothique. Lyon, Olivier Arnoullet (1530).

VILLON. Les *Œuvres de maistre Françoys Villon* (Galliot du Pré, 1532). Cette édition rarissime donne le texte primitif de Villon avant les retouches de Clément Marot.

JEAN MAROT de Caen. *Les Deux heureux Voyages de Genes et Venise* (1532). Reliure de Boyet.

CLÉMENT MAROT. *L'Adolescence Clémentine* (1532). On ne connaît que trois autres exemplaires de cette précieuse édition originale. — La *Suite de l'Adolescence Clémentine*. Édition originale non moins rare. — *Œuvres de Clément Marot* (Au Rocher, 1545). Reliure de Boyet.

RABELAIS. *La Vie inestimable du grand Gargantua* (Françoys Juste, 1537). — *Le quart Livre des faictz et dicts héroïques du bon Pantagruel* (1555).

DES PERIERS. *Recueil des Œuvres* (Jean de Tournes, 1544). — *Les Nouvelles Récréations* (1558).

MARGUERITE DE NAVARRE. *Le Miroir de treschrestienne princesse Marguerite de France, royne de Navarre*. Précieuse édition dans une admirable reliure mosaïque de Thibaron-Joly. — *Marguerites de la Marguerite des Prin-*

cesses (1547). — *Histoire des Amans fortunez*
(1558). Édition princeps de l'*Heptameron,* d'une
rareté insigne. (Reliure en vélin du temps.) —
*L'Heptameron des Nouvelles de très-illustre
princesse Marguerite de Valois* (1559). Premier
texte complet de l'*Heptameron.* — *Le Tombeau
de Marguerite de Valois* (1551).

RONSARD. *Les quatre premiers livres des Odes*
(1550) et *l'Hymne de France* (1549). — *Les
Amours* (1553). — *Les Hymnes.* Premier livre
(1555), second livre (1556), dans une reliure du
XVI⁰ siècle. — *Exhortation pour la paix* (1558).
— *Exhortation au camp du roi* (1558).—*Chant
pastoral* (1559). — *Institution pour l'adolescence du roi* (1562). — *Discours sur les misères
du temps* (1562). — *Les quatre premiers livres
de la Franciade* (1572), etc., etc.

BAIF. *Quatre Livres de l'amour de Francine*
(1555). — *Les Amours, avec Méline* (1552). —
Ravissement d'Europe (1552). — *Le Brave*
(1567). — *Œuvres en rime* (1573). — *Les
Amours* (1572). — *Les Jeux* (1573). — *Les
Passe-Temps* (1573). — *Les Mimes* (1597).

J. DU BELLAY. *La Défense et Illustration de la
langue française* (1549). — *Les Œuvres poétiques* (1561-1569). Recueil factice d'éditions
originales.

REMY BELLEAU. *La Bergerie* (1572). — *Les Amours et nouveaux exchanges de pierres précieuses* (1576). — *Odes et Épithalames* (1558 à 1569). — *Œuvres poétiques* (1578).

MELLIN DE SAINT-GELAIS. *Œuvres poétiques* (1574).

AMADIS JAMYN. *Œuvres poétiques* (1575).

VAUQUELIN DE LA FRESNAIE. *Les deux premiers livres des Foresteries* (1555). — *Les diverses Poésies* (1612). Exemplaire de Pixerécourt, de Charles Nodier et de Sainte-Beuve dans une charmante reliure ancienne.

Nous avons passé, sans nous y arrêter, devant les *Chants royaux* de G. CRETIN, les *Faicts et dictz* de JEHAN MOLINET, les *Œuvres* de SCEVOLE DE SAINCT-MARTHE, la *Semaine* de DU BARTAS, *la Puce* de MADAME DES ROCHES, les *premières Œuvres* de PHILIPPE DESPORTES, les *Épithètes* de LA PORTE, le *premier livre des Poèmes* de JEAN PASSERAT, le *Moyen de parvenir* de *Béroalde de Verville,* le *Recueil des Joyeusetés,* etc., etc., pour arriver à la série de l'ancien théâtre, qui s'ouvre par :

Le MISTÈRE DE LA PASSION (1539).

Le MYSTÈRE DES ACTES DES APÔTRES (1537).

Puis viennent, sur le même rang que Baïf :

JEAN ET JACQUES DE LA TAILLE. *Saul le furieux* (1572). — *La Famine* (1574). — *Daire* (1574). — *Alexandre* (1573).

JODELLE. Les *Œuvres et meslanges poétiques.* (1574).

ROBERT GARNIER. *Porcie* (1568). — *Hippolyte* (1573). — *Cornélie* (1574). — *Antoine* (1578). — *La Troade* (1579). — *Antigone* (1580).

LA RIVEY. — *Les six premières Comédies facétieuses* (1579) et les *trois Comédies des six dernières* (1611). — *Deux Livres de filosofie fabuleuse* (1579).

MATHIEU. *Vasthi* (1589). — *Aman* (1589). — *Clytemnestre* (1589).

Nous revenons aux grands prosateurs qui ont été la gloire de la seconde moitié du XVIᵉ siècle et ont préparé le XVIIᵉ.

ESTIENNE PASQUIER. *Le Monophile* (1555). — *Des Recherches de la France, premier livre* (1560). — *Le second livre des Recherches de la France* (1565). — *Les Lettres* (1586).

HENRI ESTIENNE. *Introduction au traité de la Conformité des merveilles anciennes avec les modernes* (1566). — *Traicté de la Conformité du language françois (s. l. n. d.).—Project du livre intitulé : De la Précellence du langage françois (1579). Deux dialogues du nouveau langage françois (1578).*

MONTAIGNE. Les *Essais* (livre premier et second) (1580). Précieuse édition princeps dans sa première reliure. — Les *Essais* (dernière édition donnée par Montaigne et contenant pour la première fois le troisième livre, 1588). Reliure de Padeloup.

PIERRE CHARRON. *De la Sagesse* (1601). — *Les trois Véritez* (1593).

Nous arrivons au seuil du XVIIe siècle. Ici, il faudrait tout citer. Nous ne croyons pas que, depuis les chefs-d'œuvre jusqu'aux œuvres secondaires mais typiques, un tableau plus complet de restitution historique, au moyen du livre primordial, ait jamais été composé.

Nous indiquerons seulement quelques-uns des auteurs dont l'œuvre a été plus complètement reconstituée dans sa manifestation primitive :

AGRIPPA D'AUBIGNÉ. *Les Tragiques* (1616). — *Histoire universelle* (1616-20). — *Avantures du baron de Fœneste* (1630).

MALHERBE. *Les Œuvres* (1630).

Nous passons les premiers essais du cabinet et

du Parnasse satyrique, les *Œuvres* de Théophile, les *Satires* de Regnier, de Du Lorens.

RACAN. *Les Bergeries* (1625). — *Les Odes sacrées* (1651). — *Les dernières Œuvres* (1660).

SCARRON. *Le Virgile travesty* (1648-1653), y compris le septième livre, le plus rare.

Puis viennent, dans tous les formats, les collections des éditions originales des poètes de second ordre : Colletet, Desmarets, Godeau, Chapelain, Dassoucy, Cotin, Gombauld, Malleville, Maynard, Tristan, Billaut, Bensserade, Ménage, Bois-Robert et Sarrazin. L'Hôtel de Rambouillet est au grand complet. Les œuvres de Voiture, de Balzac, de Saint-Amant, de Scudéry, paraissent détachées d'une bibliothèque du temps.

Avant d'arriver enfin aux grands classiques, nous rencontrons en dehors des principaux groupes littéraires : les *Plaidoyers* de Patru (1670), les *Charactères des passions* (1640) et l'*Art de connoistre les hommes* (1660) de La Chambre, les *Considérations politiques sur les coups d'Estat* de Gabriel Naudé (1639), les *Mémoires du cardinal de Retz*, l'*Histoire de France* de Mézeray (1643-1651), les *Remarques sur la langue françoise* de Vaugelas (1647), le *Jardin des racines grecques* de Lancelot, l'*Arithmétique* de Barrème, le *Grand Dictionnaire des Prétieuses* (1661) et

l'*Art d'être toujours belle* (1666) de Somaize, le
Roman bourgeois de Furetière (1666), les *Poésies*
de M. Segrais (1658), etc., etc.

DESCARTES. *Discours de la méthode*, (1637). —
Les Méditations métaphysiques (1647). — *Le
Monde* (1664). — *L'Homme* (1664). — *Les
Lettres* (1657-1667). — *Les Passions de l'âme*
(1650).

PASCAL. *Les Provinciales*. Collection des 18 lettres
originales. — *Les Pensées* (1670). — *Traité du
triangle arithmétique* (1665). — *Traitez de
l'équilibre des liqueurs* (1663).

NICOLE. *La Logique* (1662). Précieuse édition
originale interfoliée avec des notes et des cor-
rections de l'auteur. — *L'Hérésie imaginaire*.
Collection très rare de toutes les lettres originales. — *De l'Éducation d'un prince* (1670). —
Le Nouveau Testament (1667).

La série du théâtre que nous avons laissée à
Robert Garnier se continue par Tristan, Desmarets, Bois-Robert, Colletet, Beusserade, Cyrano
de Bergerac, Guérin, La Serre. Enfin Rotrou nous
annonce les chefs-d'œuvre classiques.

ROTROU. Collection de 25 pièces in-4, in-8, in-12,
parmi lesquelles les deux œuvres capitales *Venceslas* (1648) et le véritable *Saint-Genest* (1648).

PIERRE CORNEILLE. *Œuvres, première partie*
(1644). Le plus bel exemplaire connu de ce
livre rarissime, véritable monument littéraire.
— *Médée*, in-4° (1639). — *Cinna*, in-4° (1643).
— *Héraclius*, in-4° (1647). — *Nicomède*, in-4°
(1651). — La collection des éditions originales
in-12 : *le Cid, Horace, Cinna, Polyeucte, la
Mort de Pompée, le Menteur,* la *Suite du Menteur, Théodore, Héraclius, Rodogune, Andromède, Nicomède.* — Les premières éditions
d'*Œdipe*, de *Pertharite*, de *la Toison d'or*, de
Sertorius, d'*Agésilas*, d'*Attila*, de *Tite et Bérénice*, de *Pulchérie*, de *Surena*. — *La Comédie
des Tuileries,* par les cinq auteurs (1638). —
L'*Imitation de Jésus-Christ* (1656). Du Seuil.

MOLIÈRE. 18 pièces en éditions originales et reliées par Trautz-Bauzonnet : *L'Estourdy* (1663).
— *Le Dépit amoureux* (1663). — *L'Escole des
femmes* avec le carton (1663). — *La Critique de
l'École des femmes* (1663). — *Les Fâcheux*
(1662). — *Le Mariage forcé* (1668). — *Le Mi-
santhrope* (1667). — *Le Sicilien* (1668). — LE
TARTUFFE (1669). La vraie première du 23 mars
et la seconde originale avec la figure et les placets. — *Monsieur de Pourceaugnac* (1670). —
Amphitryon (1668). — *L'Avare* (1669). —
Georges Dandin (1669). — *Les Fourberies de*

Scapin (1671). — *Les Femmes sçavantes* (1673).
— *Le Festin de Pierre* (Amsterdam, 1683). —
Les Fragments de Molière (1682). — *Le Diver-
tissement royal,* in-4 (1670).

La véritable édition originale des œuvres préparée par
Molière (1674-75); la première complète publiée par
Lagrange (1682).

RACINE. Toutes les pièces en éditions princeps,
sans exception : *La Thébaïde* (1664). — *Alexandre* (1666), précieux exemplaire dans sa première reliure. — *Andromaque* (1668). — *Les
Plaideurs* (1669). — *Britannicus* (1670). —
Bérénice (1671). — *Bajazet* (1672). — *Mithridate* (1673). — *Iphigénie* (1675). — *Phèdre*
(1677), édition en 78 pages. — *Esther,* in-4
(1689). — *Athalie* (1691). — *Intermèdes en
musique* (1696).

La première édition des œuvres donnée par l'auteur
en 1676, et la dernière en 1697.

LA FONTAINE. *L'Eunuque,* in-4 (1656). — *Je
vous prens sans verd* (1699). — *Les Fables,*
in-4 (1668), magnifique exemplaire en maroquin
doublé de Trautz-Bauzonnet. — *Les Fables,*
in-12 (1668). — *Fables nouvelles* (1671). — *Fables choisies* (1678-1694). Exemplaire avec les
cartons et tous les volumes de bonne date. —
Fables choisies (figures d'Oudry). — *Contes et*

Nouvelles (1667), exemplaire contenant avec
la date de 1667 les deux parties publiées séparément en 1665 et 1666. — *Contes et Nouvelles* (1669). — *Contes et Nouvelles* (1685). —
Contes et Nouvelles (1762). Derome. — *Contes
et Nouvelles* (1795), avec les figures de Fragonard avant la lettre. — *Les Amours de Psyché
et de Cupidon* (1669). — *Poëme du quinquina* (1682) et *Œuvres posthumes* (1696).

BOILEAU. — *Satires* (1669). — *Œuvres* (1674).
— *Édition favorite* (1701).

LA ROCHEFOUCAULD. *Réflexions ou sentences et
maximes morales* (1665). Précieux exemplaire
de la véritable édition originale avec les cartons
et le texte primitif. — *Nouvelles Réflexions*
(1678). — *Réflexions ou Sentences* (1678), cinquième édition, en reliure ancienne. — *Mémoires de M. D. L. R.* (1662).

LA BRUYÈRE. *Les Caractères de Théophraste*
(1688).

SAINT-ÉVREMONT. *Œuvres meslées* (1668). —
Œuvres meslées (1709). — *La Comédie des
Académistes* (1650).

Mme DE LA FAYETTE. *Zayde* (1670). — *La Princesse de Clèves* (1678). — *Histoire d'Henriette*

d'Angleterre (1720). — *Mémoires de la Cour de France* (1731).

Mlle DE MONTPENSIER. *La Relation de l'Isle ima-ginaire* (1659).

Nous passons rapidement devant Fontenelle, Perrault, Mme Deshoulières, Mme de Sévigné, Bussy-Rabutin, Vertot, Saint-Réal, et la longue suite des auteurs dramatiques de second ordre : Montfleury, Quinault, Pradon, Boursault, Haute-roche, Baron, Dancourt, Dufresny, Palaprat, Champmeslé, Lafosse, La Chaussée, Campistron, dont toutes les œuvres capitales sont représentées.
Une place d'honneur, à part, doit être réservée à la grande famille des écrivains religieux, depuis Bossuet jusqu'à Massillon.

BOSSUET. L'œuvre de Bossuet est reconstituée en éditions originales. C'est d'abord la collection des oraisons funèbres. — *Oraison funèbre d'Henriette de France* (1669). — *Oraison funèbre d'Henriette d'Angleterre* (1670). — *Oraison funèbre de la princesse de Clèves* (1685). — *Oraison funèbre de Marie-Thérèse d'Autriche* (1683). — *Oraison funèbre de Le Tellier* (1686). — *Oraison funèbre du prince de Condé* (1687). — *Sermon presché à l'ouverture de l'assemblée du clergé de*

France (1682). — *Le Discours sur l'Histoire
universelle* (1681), magnifique exemplaire sur
grand papier et en reliure ancienne. — *Histoire des Variations* (1688). — *Catéchismes de
Meaux* (1687), exemplaire aux armes de Bossuet. — *L'Apocalypse* (1689). — *Avertissements
aux protestants* (1689-1691). — *Maximes et réflexions sur la comédie* (1694). — *Instruction
sur les états d'oraison* (1697). — *Divers écrits
sur le livre des Maximes des saints* (1698). —
Politique tirée des paroles de l'Écriture (1709)
(Padeloup). — *Traité de l'amour de Dieu,
du Libre Arbitre, Instructions pastorales*, etc.,
etc.

FÉNELON. *Démonstration de l'existence de Dieu*
(1713). — *Éducation des filles* (1687). — *Explication des maximes des saints* (1697). — *Lettres
sur divers sujets* (1718). — *Réfutation des erreurs de Spinosa* (1731), avec les *Réflexions
curieuses d'un esprit désintéressé*, de Spinosa
(1678). — *Dialogues des morts* (1712). —
Suite du quatrième livre de l'Odyssée (1699),
(fragment de *Télémaque*). — *Avantures de
Télémaque* (1717). — La collection des éditions
originales de MALEBRANCHE, de FLÉCHIER, de
BOURDALOUE, de MASCARON et de MASSILLON.
Le tableau change, le dix-huitième siècle com-
mence.

REGNARD. *La Satire contre les maris* (1694). —
Attendez-moi sous l'orme (1694). — *Les Bour-
geois de Falaise* (1694). — *La Sérénade* (1695).
— *Le Distrait* (1698). — *Démocrite* (1700). —
Le Retour imprévu (1700). — *Les Folies amou-
reuses* (1704). — *Les Ménechmes* (1706). — *Le
Légataire universel* (1708). — *La Critique du
Légataire* (1708).

LE SAGE. *Le Théâtre espagnol* (1700). — *Crispin
rival de son maître* (1707). — *Turcaret* (1709).
— *Les Pélerins de la Mecque* (1726). — *Le
Diable boiteux* (1707). — *Histoire de Gil Blas*
(1715-1724-1735), superbe exemplaire de chacun
des volumes parus successivement et qui com-
posent l'édition originale de Gil Blas. — *Histoire
de Guzman d'Alfarache* (1732). — *Avantures
de Robert Chevalier* (1732). — *Histoire d'Estevanille* (1734-1741). — *Le Bachelier de Salamanque* (1736-1738). *Le Recueil des pièces
de théâtre, la Valise trouvée, la Journée des
Parques, les Meslanges amusants.*

ABBÉ PRÉVOST. *Mémoires et Avantures d'un
homme de qualité* (1731), véritable édition originale de Manon Lescaut.

MARIVAUX. *La Surprise de l'Amour* (1723). —
Le Jeu de l'Amour et du Hazard (1730). —
Les Serments indiscrets (1732). — *Le Triomphe*

de l'Amour (1732). — *L'École des Mères* (1732).
La Joye imprévue (1738). — *La Méprise* (1739).
— *Le Legs* (1736). — *L'Homère travesti* (1716).
— *La Vie de Marianne.*

DESTOUCHES. 15 pièces originales y compris le *Philosophe marié* et le *Glorieux.*

Les éditions les plus intéressantes de Senecé, Crébillon, Grécourt, Vergier, Piron, J.-B. Rousseau, Lagrange-Chancel, Gresset, terminent la première partie du tableau littéraire du commencement du XVIIIᵉ siècle.

Nous entrons dans la série des philosophes et des moralistes.

MONTESQUIEU. *Lettres persanes* (1721). — *Le Temple de Cnide* (1725). — *Considérations sur les Causes de la Grandeur des Romains* (1734). — *Esprit des Lois* (1748). — *Défense de l'Esprit des Lois* (1750).

VAUVENARGUES. Précieux manuscrit des *Pensées et Réflexions.* — *Introduction à la connaissance de l'Esprit humain* (1746).

LA METTRIE. *Œuvres philosophiques* (1751). — *Ouvrage de Pénélope ou Machiavel en médecine* (1748).

DIDEROT. *Principes de la Philosophie morale.*

(1745). — *Pensées philosophiques* (1746). — *Lettres sur les Aveugles* (1749). — *Pensées sur l'Interprétation de la Nature* (1754). — *Lettres sur les Sourds et Muets* (1751). — Magnifique recueil dans une charmante reliure ancienne. — *Le Père de Famille, Le Fils Naturel, Les Bijoux Indiscrets, La Religieuse, Jacques le Fataliste,* etc., etc.

VOLTAIRE. *La Ligue* (1723). — *Histoire de Charles XII* (1731). — *Le Poème de Fontenoy* (1745). — *Dictionnaire philosophique portatif* (1745). — *La Philosophie de l'Histoire* (1765). — *La Raison par Alphabet* (1769), etc., etc. — Collection des éditions de *la Pucelle.* — *Zaïre* (1733). — *La Princesse de Navarre* (1745). — *Candide* (1759). — *Romans et Contes* (1778). — *Les Singularités de la Nature* (1769), etc., etc.

J.-J. ROUSSEAU. *Lettres de Deux Amants* (1761). — *Du Contrat social* (1761). — *Recueil des Œuvres* (1782), avec un précieux autographe et les suites de Cochin et de Moreau, avant la lettre.

BEAUMARCHAIS. *La Folle Journée* (1785). — *Mémoires* (1774-1775).

OUVRAGES A FIGURES DU XVIII° SIÈCLE

ANACRÉON. *Anacréon, Sapho, Bion et Moschus* (1773). Superbe exemplaire en grand papier de Hollande et en ancienne reliure.

LONGUS. *Les Amours de Daphnis et Chloé* (1718). — *Les Amours de Daphnis et Chloé* (1757).

DORAT. *Les Baisers* (1770). — *Fables nouvelles* (1773). Splendide exemplaire en grand papier de Hollande et relié en deux volumes.

LA BORDE. *Choix de Chansons*, 4 vol. (Derome).

Nous admirons encore parmi les chefs-d'œuvre des dessinateurs et graveurs du XVIII° siècle : *les Élégies de Tibulle, les Métamorphoses d'Ovide, la Jérusalem délivrée, et le Décameron, les Contes de la Fontaine des Fermiers généraux et de Fragonard, les Petits Conteurs, la Pucelle,* avec 7 suites des figures ; les œuvres de Grécourt, l'*Éloge de la Folie,* l'*Heptaméron* de Berne, les *Romans* de Voltaire, les *Contes moraux* de Marmontel, etc., etc.

ÉDITIONS PRINCEPS

DE LA LITTÉRATURE GRECQUE ET LATINE

Enfin les lettres grecques et latines sont représentées par de précieuses éditions princeps dont
voici les principales :

ANACRÉON. *Anacreontis Odæ* (1554).

APOLLONIUS DE RHODES. *Argonauticon libri IV,
græce* (1496).

ESCHYLE. *Æschyli Tragœdiæ* (1518).

SOPHOCLE. *Sophoclis Tragœdiæ* (1502).

HERODOTE. *Herodoti libri novem* (1502).

THUCYDIDE. *De bello Peloponnesiaco, lib. VIII*
(1502).

PLATON. *Omnia Platonis Opera* (1513).

PLUTARQUE. *Plutarchi Opuscula* (1472).

DÉMOSTHÈNE. *Demosthenis Orationes* (1504).

TACITE. *Annalium et Historiarum libri* (1470).

CORNELIUS NEPOS. *De vita excellentium imperatorum* (1471).

MACROBE. *Macrobii expositio in Somnium Scipionis et Saturnaliorum liber* (1472).

CATO. *Dionysius seu Valerius* (1475).

CATALOGUE

DES

LIVRES ANCIENS

RARES ET PRÉCIEUX

DE LA BIBLIOTHÈQUE DE M. P. G. P.

THÉOLOGIE
ET HISTOIRE DES RELIGIONS

ÉCRITURE SAINTE

1. LE NOUVEAU TESTAMENT de Nostre-Seigneur Jésus-Christ, traduit en françois selon l'édition Vulgate, avec les différences du grec (par Arnauld, Sacy et Nicole). *Mons, Gaspard Migeot (Amsterdam, D. Elzevier),* 1667. 2 vol. in-12, front. grav. par Van Schuppen, d'après Ph. de Champagne, mar. vert, doublé de mar. rouge, dos orné, large dent. tr. dor. (*Boyet.*)

Bel exemplaire de la première édition de cette célèbre traduction. De la bibliothèque du comte de Béhague.

1

2. LIBER PSALMORUM, cum notis J. B. Bossuet. *Lug-duni, extat Parisiis apud Joan. Anisson,* 1691. In-8, frontisp. gr. mar. rouge, fil. tr. dor. (*Rel. anc.*)

Édition originale.

3. LIBRI SALOMONIS, cum notis J. B. Bossuet. *Parisiis, J. Anisson,* 1693. In-8, mar. rouge, fil. tr. dor. (*Rel. ancienne.*)

Édition originale. Exemplaire avec un *ex-dono authoris.*

4. PARAPHRASE DES PSEAUMES DE DAVID, par Ant. Godeau, euesque de Grasse et Vence. *Paris, chez la Vᵉ Jean Camusat,* 1648. Petit in-4, v. brun, fil. dent. int. dor. (*Petit.*)

5. SENTIMENS D'UNE AME TOUCHÉE DE DIEU, tirés des pseaumes de David, ou paraphrase morale de plusieurs pseaumes en forme de prières, par M. Massillon. *A Paris,* 1754. 2 vol. in-12, mar. vert. jans. doublé de moire, tr. dor.

Bel exemplaire aux armes de LOUIS DAUPHIN, père de Louis XVI.

6. L'APOCALYPSE, avec une explication par messire Jacques-Bénigne Bossuet. *A Paris, chez la veuve de M. Sébastien Mabre-Cramoisy,* 1689. In-8, mar. rouge, dos. orn. fil. tr. dor. (*Rel. ancienne.*)

Édition originale. Bel exemplaire provenant de la bibliothèque de M. de Sacy.

7. FIGURES DE L'ANCIEN ET DU NOUVEAU TESTAMENT. 2 vol. in-folio, demi-rel. avec coins mar. vert, tr. roug.

Recueil factice de plus de 500 PLANCHES. Il contient les

suites de figures de B. Picart et autres, pour les discours de
la Bible de Saurin. — La suite de l'histoire de la Bible de
Mortier (*épreuves avant les clous*) et la suite des figures du
Vieux et du Nouveau Testament de Van Luicken.

THÉOLOGIE MORALE, PARÉNÉTIQUE, MYSTIQUE
ET POLÉMIQUE

8. TRAITÉ DE LA COMÉDIE ET DES SPECTACLES selon la
tradition de l'Église, tiré des conciles et des Saints
Pères (par Armand de Bourbon, prince de Conty).
Paris, chez Pierre Promé, 1667. In-8, portr. parch.
à recouvr. fil. tr. dor. (*Édit. orig.*)

9. MAXIMES et RÉFLEXIONS sur la comédie, par Jacques-
Bénigne Bossuet. *A Paris, chez Jean Anisson*, 1694.
In-12, mar. la Vall. jans. dent. int. tr. dor. (*Belz-
Niedrée.*)

Édition originale.

10. DÉFENSE DE LA TRADITION et des Saints Pères, par
Bossuet. *A Paris*, 1763. 2 vol. in-12, mar. rouge
fil. tr. dor. (*Rel. anc.*)

11. LETTRES ESCRITES A UN PROVINCIAL
par un de ses amis (B. Pascal). *S. l. n. d.* (25 janvier 1656 au 24 mars 1657). In-4, mar. brun jans.
dent. int. tr. dor. (*Thibaron.*)

Édition originale. — Collection des 18 lettres séparées ; on
a relié à la suite plusieurs pièces de polémique relatives à la
publication de ce livre célèbre.

12. LES PROVINCIALES ou lettres écrites par
Louis de Montalte (B. Pascal) à un provincial de ses

4

THÉOLOGIE.

amis et aux RR. PP. Jésuites, sur la morale et la
politique de ces Pères, avec les notes de Guillaume
Wenbrock, traduit en français par Mlle de Joncourt.
A Cologne, chez Pierre de la Vallée, 1739. 4 vol.
in-12, mar. vert, dos orn. larg. dent. sur les plats,
tr. dor. (*Rel. anc.*)

13. L'HÉRÉSIE IMAGINAIRE. Lettres I à X. —
Lettres XI à XVII (première à huitième Visionnaire).
Dix Mémoires sur la cause des Evesques qui ont dis-
tingué le fait du droit (par Pierre Nicole). *S. l. n. d.*
(1666). In-4, mar. vert, jans. dent. int. tr. dor. (*Thibaron-Joly.*)

ÉDITION ORIGINALE DES IMAGINAIRES ET DES VISIONNAIRES.
Chaque lettre a été publiée avec une pagination séparée à
l'instar des Provinciales de Pascal. TRÈS-RARE.

14. LES IMAGINAIRES, ou Lettres sur l'hérésie
imaginaire, par le sieur de Damvilliers (P. Nicolle).
*A Liège, chez Ad. Beyers (Amsterdam, D. Elze-
vier)*, 1667. 2 vol. pet. in-12, mar. bleu, dos orn. fil.
dent. sur les plats, doublé de tabis, tr. dor. (*Bradel.*)

Très bel exemplaire de Renouard.

15. CATÉCHISME DU DIOCÈSE DE MEAUX,
par messire Jacques-Bénigne Bossuet, évesque de
Meaux. *Paris, Sébastien Mabre-Cramoisy,* 1687.
— SECOND CATÉCHISME pour ceux qui sont
plus avancez. *Paris,* 1687. — CATÉCHISME DES
FESTES et autres solennitez et observances de
l'Église (par le même). *Paris,* 1687. Ensemble 1 vol.
in-12, v. br.

Éditions originales des trois parties, qui sont rarement
réunies. Exemplaire très frais et grand de marges. Aux armes
de BOSSUET.

16. SERMONS DU PÈRE BOURDALOUE, de la Compagnie de Jésus (publiés par le P. Fr. Bretonneau). *A Paris, chez Rigaud*, 1707-34, 16 vol. in-8, portrait de l'auteur gravé par Simonneau, mar. rouge, dent. sur les plats, tr. dor. (*Anc. rel.*)

Bel exemplaire de la meilleure édition de ces sermons. De la bibliothèque TURNER.

17. SERMONS DE M. MASSILLON, évêque de Clermont. — PETIT CARÊME, Paris, 1745. In-12, mar. vert, jans. dent. int. tr. dor. (*Reliure ancienne.*)

Édition originale.

18. SERMONS DE M. MASSILLON. — GRAND CARÊME. *Paris,* 1745. 4 vol. in-12, mar. citron, dos orn. fil. gardes en papier dor. tr. dor.

Très bel exemplaire en reliure ancienne.

19. SERMONS DE M. MASSILLON. Panégyriques, 1 vol. — Mystères, 1 vol. — Conférences, 3 vol. *Paris,* 1745-46. 5 vol. in-12, mar. vert, jans. dent. int. tr. dor. (*Reliure ancienne.*)

20. THOMÆ A. KEMPIS. De Imitatione Christi libri quatuor. *Lugduni, apud Joh. et Dan. Elzevirios, s. d.,* pet. in-12, front. grav. mar. rouge, dos orn. fil. tr. dor. (*Rel. anc.*)

21. L'IMITATION DE JÉSUS-CHRIST, traduite et paraphrasée en vers françois par P. Corneille. *Imprimé à Rouen par L. Maurry pour Robert Ballard,* 1656. In-4, front. et figures de Chauveau, mar. rouge, dos orn. fil. dent. int. tr. dor. (*Du Seuil.*)

Bel exemplaire de l'édition originale.

22. EXPLICATION DES MAXIMES DES SAINTS sur la vie inté-

rieure, par messire François de Salignac-Fénelon. *A Paris*, 1697. In-12, mar. br. jans. dent. int. tr. dor. (*Chambolle-Duru.*)

Édition originale.

23. DIVERS ÉCRITS OU MÉMOIRES sur le livre intitulé : Explication des Maximes des Saints; par messire Jacques-Benigne Bossuet. *Paris, chez Jean Anisson,* 1698. In-8, mar. rouge, dos orn. fil. tr. dor. (*Rel. anc.*)

Édition originale.

24. DIALOGUES POSTHUMES du sieur de la Bruyère, sur le quiétisme. *A Paris, chez Charles Osmont,* 1699. In-12, mar. rouge, jans. tr. dor. (*rel. anc.*)

25. INSTRUCTION SUR LES ÉTATS D'ORAISON, où sont exposées les erreurs des faux mystiques de nos jours, avec les actes de leur condamnation, par messire Jacques-Bénigne Bossuet. *A Paris, chez Jean Anisson,* 1697. In-8, mar. rouge, dos orn. tr. dor. (*Rel. anc.*)

Édition originale.

26. INSTRUCTION PASTORALE (et seconde) sur les promesses de l'Église, par messire Jacques-Bénigne Bossuet. *A Paris, chez Jean Anisson,* 1700-1701. 2 tomes en 1 vol. in-12, parch. ant.

Édition originale.

27. MÉDITATIONS CHRÉTIENNES, par l'auteur de la « Recherche de la vérité » (Nicolas Malebranche). *A Cologne, chez Balthasar d'Egmond (à la Sphère),* 1683. Pet. in-12 v. fauv. dos orn. (*Rel. anc.*)

28. Traité de l'amour de Dieu, nécessaire dans le sacrement de pénitence, suivant la doctrine du Concile de Trente; ouvrage posthume de messire Jacques-Bénigne Bossuet. *Paris, Barth. Alix, 1736.* In-12, mar. rouge, fil. tr. dor. (*Rel. anc.*)

Édition originale. Exemplaire aux armes d'une princesse de la maison de Condé.

29. TRAITÉ DE LA NATURE ET DE LA GRACE, par Malebranche. *Amsterdam, D. Elzevier, 1680.* — Éclaircissement, ou la suite du Traité de la Nature et de la Grace, par le même. *Amsterdam, chez la veuve Daniel Elzevier, 1681.* 2 parties en 1 vol. in-12, mar. brun, tr. dor. (*Duru.*)

Bel exemplaire de l'édition originale. — Rare, surtout avec la seconde partie. De la bibliothèque de Cailhava et de celle de M. Lebœuf de Montgermont.

30. Pensées de M. Pascal sur la religion et sur quelques autres sujets, qui ont esté trouvées après sa mort parmi ses papiers. *Paris, Guill. Desprez, 1670.* In-12, v. brun, ant.

Édition originale. Elle se compose de 41 ff. prélim., de 365 pages et de 10 ff. de table. Le privilège porte : Achevé d'imprimer pour la première fois le 2 janvier 1670. Il y a un errata au verso.

31. Discours sur les Pensées de M. Pascal, où l'on essaye de faire voir quel étoit son dessein. Avec un autre discours sur les preuves des livres de Moyse (par Filleau de la Chaise). *Paris, Guill. Desprez, 1672.* In-12, mar. rouge, dos orn. fil. tr. dor. (*Rel. anc.*)

32. Démonstration de l'existence de Dieu (par Féne-

lon). *A Paris*, 1713. In-12 mar. brun. jans. dent.
int. tr. dor. (*Chambolle-Duru.*)

Édition originale.

33. Les Trois Véritez contre les athées, idolâtres, juifs,
mahométans, hérétiques et schismatiques, le tout
traité en trois liures par P. Charron. *A Bourdeaus,
par S. Millanges*, 1593. In-8, parch. ant. à recouvr.

Édition originale.

34. Traité du libre arbitre et de la concupiscence,
ouvrage posthume de messire Jacques-Bénigne
Bossuet. *A Paris, chez Barthélemy Alix*, 1731. In-
12, v. gran. fil. tr. dor.

Édition originale. Exemplaire de Berryer.

35. Lettres du père Malebranche à un de ses amis,
dans lesquelles il répond aux réflexions philosophiques et théologiques de M. Arnaud sur le Traité de
la Nature et de la Grâce. *A Rotterdam, chez Reinier
Leers*, 1686. In-12, v. jasp.

36. Pensées sur différents sujets de morale et de
piété, tirées des ouvrages de M. Massillon. *A Paris,
chez la veuve Estienne et fils*, 1749. In-12 mar. vert,
tr. dor. (*Rel. anc.*)

37. Lettres sur divers sujets concernant la religion et
la métaphysique, par feu messire François de Salignac
de la Mottq-Fénelon. *Paris, chez Florentin Delaulne*,
1718. In-12, mar. br. jans. dent. int. tr. dor. (*Chambolle-Duru.*)

Édition originale. Exemplaire auquel on a ajouté UNE
LETTRE AUTOGRAPHE DE FÉNELON.

38. DE LA TOLÉRANCE DES RELIGIONS, lettres de M. de Leibniz et réponses de M. Pellisson. *A Paris, chez Jean Anisson*, 1692. In-12, v. br. dos orn. fil. dent. int. tr. dor.

39. BOCACE, DE LA GENEALOGIE DES DIEUX, contenant les faulses credences des infidelles et gentilz : qui par leurs erreurs et mal fondées superstitions creoyent et oppinoyent pluralité de Dieux, et ceulx qui avoyent faict aulcuns beaulx faits dignes de mémoire deifioient et leur erigeoyent temples, autels et ymages. Translaté en françoys. (A la fin :) *Imprimé à Paris l'an* 1531. Pet. in-folio goth. fig. sur bois, texte à 2 col. mar. vert, fil. larg. dent. sur les plats, dent. int. tr. dor. (*Lortic*.)

Édition rare. Bel exemplaire. Portrait ancien de Boccace ajouté.

40. L'ALCORAN DE MAHOMET, translaté d'arabe en françois par le sieur du Ryer, sieur de la Garde-Malezair. *A Paris, chez Antoine de Sommaville*, 1647. In-4, parch.

Première édition.

OPINIONS SINGULIÈRES. — ATHÉES ET INCRÉDULES

41. B. D. S. (Benoît de Spinosa) Opera posthuma. *S. l.* (*Hollande*), 1677. 2 parties en 1 vol. in-4, vélin.

Édition originale.

42. TRACTATUS THEOLOGICO-POLITICUS (auct. B. de
Spinosa). *Hamburg,* 1670. In-4, v. fauv. fil. tr.
dor. *(Rel. anc.)*

Édition originale, très-rare.

43. RÉFLEXIONS CURIEUSES d'un esprit désintéressé sur
les matières les plus importantes au salut (par Spinosa, traduit par de Saint-Glain). *Cologne, Cl. Em-
manuel,* 1678. Pet. in-12, mar. rouge, dos orn. dent.
int. tr. dor. — RÉFUTATION DES ERREURS DE BENOIT
DE SPINOSA, par M. de Fénelon, par le P. Lami et
par M. de Boulainvilliers, avec la Vie de Spinosa, par
Jean Colerus, augm. de beaucoup de particularités
tirées d'une Vie manuscrite de ce philosophe, par un
de ses amis. *Bruxelles, Fr. Foppens,* 1731. Ensemble 2 vol. pet. in-12, mar. rouge, dos orn. dent.
int. tr. dor. *(Padeloup.)*

Superbe exemplaire. Le premier volume est avec les deux
autres titres : LA CLEF DU SANCTUAIRE et le TRAITÉ DES CÉRÉ-
MONIES SUPERSTITIEUSES DES JUIFS.

44. COLLECTION D'ANCIENS ÉVANGILES, ou Monumens
du premier siècle du Christianisme, par l'abbé B***
(Voltaire). *Londres,* 1769. In-8, mar. rouge, fil. tr.
dor. *(Rel. anc.)*

45. LA CONTAGION SACRÉE, ou Histoire naturelle de la
superstition ; ouvrage traduit de l'anglois (par le
baron d'Holbach). *Londres (Amsterdam),* 1768.
2 tomes en 1 vol. pet. in-8, mar. rouge, fil. tr. dor.
(Anc. rel.)

HISTOIRE DES RELIGIONS

46. HISTOIRE DES VARIATIONS DES ÉGLI-
SES PROTESTANTES, par messire Jacques-
Bénigne Bossuet. *A Paris,* 1688. 2 vol. in-4, mar.
bleu, dos orn. fil. dent. int. tr. dor. (*Niedrée.*)
Édition originale.

47. PREMIER (2ᵉ, 3ᵉ, 4ᵉ, 5ᵉ) AVERTISSEMENT aux protestants
sur les lettres du ministre Jurieu contre l'Histoire
des Variations. — L'Antiquité éclaircie sur l'immu-
tabilité de l'Estre divin et sur l'égalité des Trois Personnes, etc. *Paris, chez la veuve de Séb. Mabre-
Cramoisy,* 1689-1691. 6 parties en 1 vol. in-4, mar.
br. dent. à froid sur les plats, tr. dor. (*Thivet.*)

Édition originale. On a ajouté à cet exemplaire 4 pp. autogr.
DE BOSSUET.

JURISPRUDENCE

48. DE L'ESPRIT DES LOIX (par Montesquieu). *A Genève, chez Barillot et fils, s. d.* (1748). 2 vol. in-4,v. marbr.
Édition originale.

49. DÉFENSE DE L'ESPRIT DES LOIX (par Montesquieu). *A Genève, chez Barillot et fils,* 1750. In-12, mar. bleu, jans. dent. int. tr. dor. (*Thivet.*)

50. PLAIDOYERS et autres œuvres d'Olivier Patru, conseiller du roi en ses Conseils, et avocat de la cour du Parlement. *Paris, Mabre-Cramoisy,* 1670. In-4, mar. rouge, fil. dos orn. tr. dor. (*Du Seuil.*)
Très-bel exemplaire.

SCIENCES ET ARTS

I. PHILOSOPHIE

5i. OMNIA PLATONIS OPERA (græce). *Venetiis,
in ædibus Aldi et Andreæ soceri,* M. DXIII (15i3).
In-folio mar. br. fers à froid, tr. dor. (*Thomas.*)

> Première édition de Platon en grec. Bel exemplaire, grand
> de marges (3o5 mill., ii p. 3 lign.), quelques témoins. Cette
> édition, aussi rare que précieuse, est due aux soins réunis
> d'Alde et de Musurus.

52. LE BANQUET DE PLATON, traduit un tiers par feu
M. Racine, et le reste par l'abbesse de Fontevrauld
(sœur de madame de Montespan). *Paris,* 1732. In-
12, v. fauv. fil. tr. dor. (*Niedrée.*)

> Exemplaire de LOUIS RACINE, avec une note autographe de
> sa main, en tête du volume.

53. DEUX LIVRES DE FILOSOFIE (sic) fabuleuse, le premier... souz le sens allégoric de plusieurs fables, est
montrée l'envie, malice et trahison d'aulcuns courtisans, le second... traictant de l'amitié et choses
semblables, par Pierre de la Rivey, Champenois.
A Lyon, par Benoist Rigaud, 1579. Pet. in-12 réglé,
mar. bleu, jans. tr. dor. (*Hardy.*)

> Très-rare.

54. La Logique, ou l'Art de penser, contenant, outre les règles communes, plusieurs observations propres à former le jugement (par Arnaud et Nicole). *Paris, Savreux,* 1662. In-12, vél. anc.

   Édition originale. Bel exemplaire interfolié, avec des notes autographes de Nicole, un des auteurs du livre.

55. DISCOURS DE LA MÉTHODE pour bien conduire sa raison et chercher la vérité dans les sciences, plus la Dioptrique, les Météores et la Géométrie (par René Descartes.) *Leyde, Jan Maire,* 1637. In-4°, mar. la Vall. comp. fil. fleurons tr. dor. fig. (*Chambolle-Duru.*)

   Très bel exemplaire de l'édition originale de ces quatre traités.

56. Le Monde de M. Descartes, ou le Traité de la lumière et des autres principaux objets des sens. *A Paris, chez Jacques Le Gras,* 1664. In-12, figures dans le texte, parch. à comp. tr. rouge.

57. L'Homme de René Descartes et un Traité du fœtus, du mesme autheur..... *Paris,* 1664. In-4°, vélin.

   Édition originale.

58. Les Méditations métaphysiques de René Descartes. *Paris,* 1647. In-4°, vélin.

   Édition originale.

59. De la Recherche de la Vérité (par N. Malebranche). *A Paris,* 1674-75-78. 3 vol. in-12, mar. vert, jans. dent. int. tr. dor.

   Édition originale. Rare.

60. Réponse de l'auteur de la Recherche de la Vérité (Malebranche) au livre de M. Arnaud : des Vrayes et fausses Idées. *Rotterdam*, 1684. In-12, parch.

Édition originale.

61. Œuvres philosophiques (par de la Mettrie). *A Londres*, 1751. In-4, mar. rouge, dos orn. fil. tr. dr. (*Rel. anc.*)

Édition originale. Bel exemplaire aux armes.

62. Œuvres philosophiques de M. de la Mettrie. *Amsterdam*, 1774. 3 vol. pet. in-12, mar. rouge, dos orn. fil. tr. dor. (*Anc. rel.*)

63. PRINCIPES DE LA PHILOSOPHIE MORALE, ou Essai de M. S. (milord Shaftesbury) sur le mérite de la vertu, avec réflexions (traduit de l'anglais par Diderot). *A Amsterdam*, 1745. 1 vol. front. grav. et fig. — Pensées philosophiques (par Diderot). *La Haye*, 1746. 1 vol. front. grav. — Lettres sur les Aveugles, à l'usage de ceux qui voyent (par Diderot). *Londres*, 1749. 1 vol. fig. — Pensées sur l'Interprétation de la Nature (par Diderot). *Londres*, 1754. — Lettres sur les Sourds et Muets, à l'usage de ceux qui entendent et qui parlent (par Diderot). *S. l.*, 1751. 1 vol. Ensemble 4 vol. in-12, mar. rouge, fil. tr. dor. (*Rel. anc.*)

Très bel exemplaire de la bibliothèque S. Turner.

64. Dictionnaire philosophique portatif, nouvelle édition, revue, corrigée et augmentée de divers articles par l'auteur (Voltaire). *Londres*, 1765. In-8, mar. rouge, tr. dor. (*Rel. anc.*)

65. La Philosophie de l'Histoire, par feu M. l'abbé Bazin (Voltaire). *Amsterdam, Changuion,* 1765. In-8, mar. rouge, dos orn. fil. tr. dor. (*Anc. rel.*)

Édition originale.

66. La Raison par alphabet, sixième édition, revue et corrigée par l'auteur (Voltaire). *S. l.* 1769. 2 vol. in-8, mar. rouge, fil. tr. dor. (*Rel. anc.*)

67. Abrégé des Vies des anciens philosophes, avec un recueil de leurs plus belles maximes, par **M. D. F.** (de Fénelon). *A Paris,* 1726. In-12, mar. brun. jans. dent. int. tr. dor.

Édition originale.

68. CATO (Dionysius seu Valerius). Ethica comment. amplissimi Philippi Bergomensis. (*Augustæ-Vindelicorum, Ant. Sorg.*) 1475. In-folio goth. de 486 ff. à 40 lignes par page, mar. rouge, fil. dent. tr. dor.

2. MORALE

69. Traité de Morale, par l'auteur de la Recherche de la Vérité (Malebranche). *A Rotterdam, chez Reinier Leers,* 1684. 2 parties en 1 vol. in-12, vélin.

Édition originale.

70. Éléments de la morale universelle, ou Catéchisme de la nature, par feu M. le baron d'Holbach. *A Paris, chez G. Debure,* 1790. In-18, papier vélin, mar. rouge, dos orné, fil. tr. dor. (*Rel. anc.*)

71.

ESSAIS
DE MESSIRE
MICHEL SEIGNEVR
DE MONTAIGNE,
CHEVALIER DE L'ORDRE
du Roy, & Gentil-homme ordi-
naire de sa Chambre.

LIVRE PREMIER
& second.

A BOVRDEAVS.
Par S. Millanges Imprimeur ordinaire du Roy.
M. D. LXXX.
AVEC PRIVILEGE DV ROY.

2 tomes en 1 vol. in-8, v. ant. milieux dorés sur les
plats, tr. dor. (*Reliure du XVIᵉ siècle restaurée.*)
PREMIÈRE ET PRÉCIEUSE ÉDITION.

2

72. LES ESSAIS DE MICHEL, SEIGNEUR DE
MONTAIGNE. Cinquiesme édition, augmentée d'un
troisième livre et de six cens additions aux deux
premiers. *A Paris, chez Abel Langelier,* 1588. In-4,
front. gravé, mar. rouge, dos orn. fil. tr. dor. (*Padeloup.*)

Très bel exemplaire de la bibliothèque Didot.

73. Essais de Michel, seigneur de Montaigne. Nouvelle édition, exactement purgée des défauts des précédentes selon le vray original..... *A Amsterdam,
chez Antoine Michiels,* 1659. 3 vol. in-12, frontisp. gravé, mar. rouge, dos orné, fil. à la Du Seuil
(*Rel. anc.*)

Bel exemplaire. Hauteur : 151 mill.

74. De la Sagesse. Livres trois, par M. Pierre Le Charron, Parisien. *A Bourdeaus, par Simon Millanges,*
1601. In-8, mar. rouge, fil. dos orné, tr. dor. (*Anc. rel.*)

Édition originale. Exemplaire de Sainte-Beuve, avec sa
signature sur le feuillet de garde.

75. De la Sagesse, trois livres, par Pierre Charron. *A
Leyde, chez Jean Elzevier,* 1656. Petit in-12, frontisp. gr. mar. rouge, fil. tr. dor. (*Rel. anc.*)

76. Les Characteres des Passions, par le sieur de la
Chambre. *A Paris,* 1640. In-4, v. ant.

Édition originale.

77. L'Art de connoistre les hommes.... par le sieur de
la Chambre. *Paris,* 1660. In-4, v. ant.

Édition originale.

78. Les Passions de l'ame, par René Descartes. *A
Amsterdam, chez Louys Elzevier,* 1649. In-8, parch.
ant. à recouvr.

79·
REFLEXIONS
O V
SENTENCES
E T
MAXIMES
MORALES.

A PARIS,
Chez CLAVDE BARBIN, vis à vis
le Portail de la Sainte Chapelle,
au figne de la Croix·

M. DC. LXV.
AVEC PRIVILEGE DV ROY

In-12 de 24 ff. prélim. y compris le frontispice et
le titre, et 150 pag. plus 5 ff. à la fin pour la table et

le privilège, maroq. rouge, dos orné, compartim. de
fil. et milieux dor. à petits fers, doublé de mar. bleu.
dent. à la Chamillard. tr. dor. (*Thibaron-Joly.*)

ÉDITION ORIGINALE. Précieux exemplaire *avec les cartons et le texte* pour les pages 69-70, 141-142 et 143-144.

80. RÉFLEXIONS OU SENTENCES ET MAXI-
MES MORALES. Cinquième édition, augmentée
de plus de cent nouvelles Maximes. *A Paris, chez
Claude Barbin,* 1678. In-12 réglé, mar. rouge, dos
orn. fil. tr. dor. (*Du Seuil.*)

Superbe exemplaire de la dernière édit. donnée par l'auteur.

81. NOUVELLES RÉFLEXIONS, ou Sentences et Maximes
morales. Seconde partie. *Paris, Claude Barbin,*
1678. In-12, mar. rouge, dos orn. fil. dent. tr. dor.
(*Thibaron-Joly.*)

Très rare.

82. MAXIMES ET RÉFLEXIONS MORALES du duc de la Rochefoucauld. *A Paris, de l'Imprimerie royale,* 1778.
In-8, mar. vert, dos orn. fil. tr. dor. (*Rel. anc.*)

83. LES CARACTÈRES DE THÉOPHRASTE,
traduits du grec avec les Caractères ou les Mœurs de
ce siècle (par La Bruyère). *A Paris, chez Estienne
Michallet,* 1688. In-12, mar. rouge, jans. dent. int.
tr. dor. (*Cuzin.*)

Édition originale.

84. LES CARACTÈRES DE THÉOPHRASTE, traduits du grec,
avec les Caractères ou les Mœurs de ce siècle. Neu-
vième édition. *A Paris, chez Est. Michallet,* 1697.
In-12, v. br.

85. SUITE DES CARACTÈRES DE THÉOPHRASTE et des

Mœurs de ce siècle. *A Paris,* 1700. In-12, mar.
rouge, dos orn. fil. tr. dor. (*rel. anc.*)
Exemplaire aux armes de Prondre de Guermante.

86. PENSÉES, RÉFLEXIONS, etc., au nombre de
250, par Vauvenargues. In-4, de 12 ff. mss. portrait,
maroq. brun, jans.
Précieux manuscrit autographe de Vauvenargues, donnant
250 pensées numérotées en chiffres arabes, dont plusieurs ont
été supprimées dans la première édition, un plus grand nombre
dans la deuxième, mais qui semblent cependant avoir été
toutes recueillies dans les éditions de Belin, Brière et Gilbert.

87. Introduction a la Connoissance de l'Esprit humain, suivie de Réflexions et de Maximes (par Vauvenargues). *A Paris,* 1746. In-12, mar. brun. jans.
dent. int. tr. dor. (*Thivet.*)
Édition originale.

88. Considérations sur les mœurs de ce siècle, par
M. Duclos, historiographe de France. *A Paris, chez
Prault fils,* 1751. In-12, figure de Gravelot, v.
fauv. fil. tr. rouge.

3. ÉDUCATION.

89. De l'Éducation d'un prince, divisée en trois parties,
dont la dernière contient divers traittez utiles à tout
le monde (par Nicole et Bl. Pascal). *Paris,* 1670.
In-12, parch.
Édition originale.

90. Éducation des filles, par M. l'abbé de Fénelon,
A Paris, chez Pierre Aubouin, 1687. In-12, mar.
brun, jans. dent. int. tr. dor. (*Chambolle-Duru.*)
Édition originale.

91. Directions pour la conscience d'un roi, composées
pour l'instruction de Louis de France, duc de Bour-.
gogne, par messire François de Salignac de la Motte-
Fénelon. *A la Haye, chez Jean Neaulme*, 1747. —
Manuel des souverains (par l'abbé P. Barral). *S. l.*,
1754. Ens. 2 ouvrages réunis en 1 vol. in-12, v.
fauv. tr. rouge. (*Rel. anc.*)

92. Les Devoirs des Grands , par monseigneur le
Prince de Conty, avec son testament. *A Paris, chez
Denys Thierry*, 1667. In-12 de 140 pages, mar. bleu,
dos et coins des plats fleurdelisés, fil. dent. int. tr.
dor. (*Capé.*)

     Cet exemplaire renferme un feuillet qui manque presque
toujours, et qui contient des vers du prince de Conty sur
son propre livre.

4. POLITIQUE

93. POLITIQUE TIRÉE DES PROPRES PA-
ROLES DE L'ÉCRITURE. Ouvrage posthume
de messire Jacques-Bénigne Bossuet. *Paris, Pierre
Cot*, 1709. In-4, mar. rouge, fil. dos orn. tr. dor.
(*Padeloup.*)

     Bel exemplaire de l'édition originale, orné de deux vignettes
par B. Picard et Coypel et d'un beau portrait de Bossuet
d'après Rigaud gravé par Edelinck. De la bibliothèque de
Firmin-Didot.

94. Les Fondemens de la Politique , par Thomas
Hobbes. *Amsterdam, chez Jean Blaeu*, 1649. In-8,
mar. rouge, dos orn. fil. tr. dor. (*Rel. anc.*)

95. Le Prince (par J.-L. Guez de Balzac). *A Paris, chez Toussaint du Bray, Pierre Roccolet et Claude Sonnius,* 1631. In-4, titre grav. v. fauv. fil. dos orn. tr. dor. (*Niedrée.*)

96. Aristippe, ou de la Cour, par le sieur de Balzac. *Paris, Courbé,* 1658. In-4, front. grav. mar. rouge, dos orn. fil. tr. dor. (*Anc. rel.*)

    Bel exemplaire de l'édition originale.

97. Considérations politiques sur les coups d'Estat (par Gabriel Naudé). *Rome. (Paris),* 1639. In-4, v. fauv. (*Aux armes du président de Ménars.*)

    Édition originale, rare, tirée à 100 exemplaires selon le P. Louis Jacob; de la bibliothèque du prince S. Radziwill.

98. Code de la nature, ou le Véritable Esprit de ses Lois, de tout temps négligé ou méconnu (par Morelly). *Partout chez le vrai sage,* 1755. In-12, v. fauv. fil. tr. dor. (*Thivet.*)

99. Du Contrat social, ou principes du droit politique, par J.-J. Rousseau. *A Amsterdam, chez Marc-Michel Rey,* 1762. In-8, mar. rouge, dent. tr. dor. (*rel. anc.*)

    Édition originale. Exemplaire en grand papier.

100. Discours sur l'origine et les fondemens de l'inégalité parmi les hommes, par Jean-Jacques Rousseau. *A Amsterdam, chez Marc-Michel Rey,* 1755. In-8, fig. d'Eisen gravée par Somique, fleuron sur le titre, v. fauv. tr. rouge. (*Anc. rel.*)

101. Système social, ou Principes naturels de la morale et de la politique, avec un examen de l'influence

du gouvernement sur les mœurs (par le baron d'Holbach). *Londres,* 1773. 3 parties en 1 vol. in-8, v. fauv. dos orn. tr. roug. (*Rel. anc.*)

5. HISTOIRE NATURELLE, MÉDECINE, MATHÉMATIQUES, MUSIQUE

102. ÉTUDES DE LA NATURE, par Bernardin de Saint-Pierre. *Paris, Didot,* 1791-92. 5 vol. in-12, pl. mar. rouge, fil. dos orn. tr. dor. (*Reliure du temps.*)

Le tome V contient les *Vœux d'un solitaire,* avec un supplément, et la *Chaumière indienne.* Chacun des volumes portait un envoi autographe signé de l'auteur à M. Terrier de Monciel, mais on a effacé la signature de tous les envois.

103. LUCINA SINE CONCUBITU, Lucine affranchie des loix du concours. Lettre adressée à la Société royale de Londres, dans laquelle on prouve, par une évidence incontestable tirée de la raison et de la pratique, qu'une femme peut concevoir et accoucher sans avoir de commerce avec aucun homme. Traduite de l'anglais d'Abraham Johnson. *S. l.,* 1750. — CONCUBITUS SINA LUCINE, ou le Plaisir sans peine. Réponse à la lettre intitulée Lucina, etc. *Londres,* 1759. Ens. 2 ouvrages en 1 vol. in-8, mar. rouge, dos orn. fil. tr. dor. (*Rel. anc.*)

104. OUVRAGE DE PÉNÉLOPE, ou Machiavel en médecine, par Aletheius Demetrius (de la Mettrie). *Berlin,* 1748. 3 vol. in-12, mar. vert, fil. tr. dor. (*Derome.*)

Très bel exemplaire.

105. TRAITÉ DU TRIANGLE ARITHMÉTIQUE, avec quelques autres petits traitez sur la mesme matière, par M. Pascal. *A Paris, chez Guillaume Desprez*, 1665. In-4, mar. rouge, jans. dent. int. tr. dor. (*Duru.*)

Très rare.

106. TRAITEZ DE L'ÉQUILIBRE DES LIQUEURS et de la pesanteur de la masse de l'air, par M. Pascal. *A Paris, chez Guillaume Desprez*, 1663. In-12, figures, mar. rouge, fil. à froid, dent. int. tr. dor.

Édition originale.

107. L'ARITHMÉTIQUE DE BARRÊME, ou le livre utile pour apprendre l'arithmétique, de soy-même et sans maître. *A Paris*, 1710. In-12, front. grav. mar. rouge, dos orn. fil. tr. dor. (*Rel. anc. avec armoiries.*)

108. RENATI DESCARTI Musicæ compendium. *Amstelodami, apud J. Janssonium*, 1656. In-4, mar. vert, jans. tr. dor.

Très rare.

BELLES-LETTRES

I. LINGUISTIQUE

109. LES ORIGINES DE LA LANGUE FRANÇOISE (par Ménage). *A Paris, chez Aug. Courbé,* 1650. In-4, vélin.
Édition originale.

110. LA DÉFENSE ET ILLUSTRATION DE LA LANGUE FRANÇOISE, par J. D. B. A. (Joachim du Bellay). *Imprimé à Paris, pour Arnoul l'Angelier,* 1549. Pet. in-8, mar. brun, jans. dent. int. tr. dor. (*Chambolle-Duru.*)
Édition originale, très-rare, du premier ouvrage de Joach. du Bellay.

111. REMARQUES SUR LA LANGUE FRANÇOISE, utiles à ceux qui veulent bien parler et bien écrire (par Vaugelas). *A Paris, chez Augustin Courbé,* 1647. In-4, gr. pap. front. gr. mar. rouge, fil. à comp. genre Du Seuil, dent. int. tr. dor. (*Capé.*)
Édition originale. De la bibliothèque de M. Lebœuf de Montgermont.

112. TRAICTÉ DE LA GRĀMAIRE FRANÇOISE (par R. Estienne). *A Paris, par Rob. Estienne,* 1569. — GALLICÆ GRAMMATICES LIBELLUS. *Parisiis, Rob. Stephanus,* 1569. Ens. 2 ouvrages en 1 vol. in-8, mar. vert, jans. dent. int. tr. dor.
Éditions originales.

113. PROJECT DU LIVRE INTITULÉ : DE LA PRÉCELLENCE DU LANGAGE FRANÇOIS, par Henri Estienne. *Paris, Mamert Patisson,* 1579. Pet. in-8, mar. citr. fil. tr. dor. (*Bradel-Derome.*)

Bel exemplaire de l'édition originale.

114. TRAICTÉ DE LA CONFORMITÉ DU LANGUAGE FRANÇOIS avec le grec, divisé en trois livres... avec une préface, remonstrant quelque partie du désordre et abus qui se commet aujourd'huy en l'usage de la langue françoise. En ce traicté sont descouverts quelques secrets tant de la langue grecque que de la langue françoise; duquel l'auteur et imprimeur est Henri Estienne, fils de feu Rob. Estienne. *S. l. n. d.* In-8, vélin.

Édition originale, rare.

115. DEUX DIALOGUES du nouveau langage françois italianizé et autrement desguizé, principalement entre les courtisans de ce temps... (par H. Estienne). *S. l. n. d.* (*Genève,* 1578). Pet. in-8, v. ant. à nerfs, dos orn. fil. tr. dor. (*Bauzonnet.*)

Bel exemplaire de l'édition originale, rare et recherchée.

116. LE JARDIN DES RACINES GRECQUES, mises en vers françois (par Lancelot). *A Paris, chez Pierre Le Petit,* 1657. In-12, portr. grav. mar. rouge, dos orn. fil. dent. int. tr. dor. (*Chambolle-Duru.*)

Édition originale.

117. LES ÉPITHÈTES DE M. DE LA PORTE, Parisien. *A Paris, chez Gabriel Buon,* 1571. In-8, parch. ant. à recouvr.

118. DIALOGUES SUR L'ÉLOQUENCE en général et sur celle

de la chaire en particulier, par feu messire Fr. de
Salignac de la Motte-Fénelon. *Paris*, 1718. In-12,
mar. brun, jans. dent. int. tr. dor.(*Chambolle-Duru.*)
Édition originale.

2. RHÉTORIQUE — ORATEURS

119. DEMOSTHENIS ORATIONES duæ et sexa-
ginta, Libanii in eas ipsas argumenta, vita Demosthenis per Libanium, ejusdem vita per Plutarchum
(græce). *Venetiis, in ædibus Aldi, MD. IIII.* 2 tomes
en 1 vol. pet. in-folio, rel. en bois, rec. de mar. citr.
fil. à comp. fermoirs. (*Rel. de l'époque.*)

Des deux éditions données par Alde sous cette date, celle-
ci est la seconde. On la préfère à la première, parce qu'elle
offre un meilleur texte et qu'elle est imprimée plus correctement.

Bel exemplaire, dans sa première reliure, avec des agrafes,
bien conservée. De la bibliothèque de M. Ch. Giraud.

120. ORAISON FUNÈBRE DE HENRIETTE-
MARIE DE FRANCE, reine de la Grand'Bretagne,
par M. l'abbé Bossuet, nommé à l'évêché de Con-
dom. *A Paris, chez Sébastien Mabre-Cramoisy*,
1669. In-4, mar. rouge, dent. int. tr. dor. (*Chambolle-Duru.*)

Édition originale. Très rare, fort bel exemplaire.

121. ORAISON FUNÈBRE DE HENRIETTE
D'ANGLETERRE, duchesse d'Orléans, par messire Jacques-Bénigne Bossuet. *A Paris, chez Sébastien Mabre-Cramoisy*, 1670. In-4, mar. rouge, dent.
int. tr. dor. (*Trautz-Bauzonnet.*)

ÉDITION ORIGINALE. Très bel exemplaire. De la bibliothèque
du comte de Sauvage.

122. ORAISON FUNÈBRE DE TRÈS-HAUTE ET TRÈS-PUISSANTE PRINCESSE ANNE DE GONZAGUE DE CLÈVES, princesse Palatine, par messire Jacques-Bénigne Bossuet. *A Paris, par Sébastien Mabre-Cramoisy*, 1685. In-4, mar. rouge, jans. dent. int. tr. dor. (*Cuzin*.)

ÉDITION ORIGINALE. Très bel exemplaire.

123. ORAISON FUNÈBRE DE MARIE-THÉ-RÈSE D'AUTRICHE, INFANTE D'ESPAGNE, REINE DE FRANCE ET DE NAVARRE, par messire Jacques-Bénigne Bossuet. *A Paris, chez Sébastien Mabre-Cramoisy*, 1683. In-4, mar. rouge, jans. dent. int. tr. dor. (*Cuzin*.)

Édition originale. Très bel exemplaire.

124. ORAISON FUNÈBRE DE TRÈS-HAUT ET PUISSANT SEIGNEUR MESSIRE MICHEL LE TELLIER, par messire Jacques-Bénigne Bossuet. *A Paris, par Sébastien Mabre-Cramoisy*, 1686. In-4, mar. rouge, dent. int. tr. dor. (*Trautz-Bauzonnet*.)

Édition originale. Très bel exemplaire.

125. ORAISON FUNÈBRE DE TRÈS-HAUT ET TRÈS-PUISSANT PRINCE LOUIS DE BOUR-BON, PRINCE DE CONDÉ, premier prince du sang, par messire Jacques-Bénigne Bossuet. *A Paris, chez Sébastien Mabre-Cramoisy*, 1687. In-4, mar. rouge, jans. dent. int. tr. dor. (*Chambolle-Duru*.)

ÉDITION ORIGINALE. Très bel exemplaire.

126. ORAISON FUNÈBRE DU GRAND CONDÉ, par J.-B. Bos-

suet. *Paris, Damascène Morgand et Ch. Fatout*, 1879. In-4, front. et figures, br.

127. Sermon presché à l'ouverture de l'Assemblée générale du Clergé de France, le 9 novembre 1681, par Mᵉ Jacques-Bénigne Bossuet. *A Paris, chez Frédéric Léonard*, 1682. In-4, mar. brun. jans. dent. int. tr. dor. (*Gruel.*)

Édition originale.

128. Oraison funèbre de Mᵐᵉ Julie-Lucine d'Angennes de Rambouillet, duchesse de Montausier, dame d'honneur de la Reine....., par M. Fléchier. *A Paris, chez Sébastien Mabre-Cramoisy*, 1672. — Oraison funèbre de madame Marie de Wignerod, duchesse d'Aiguillon, Pair de France..... par M. l'abbé Fléchier, de l'Académie françoise. *A Paris, chez Sébastien Mabre-Cramoisy*, 1675. — Oraison funèbre de très-haut et très-puissant prince Henri de la Tour-d'Auvergne, vicomte de Turenne, par M. Fléchier. *Paris, Sébastien Mabre-Cramoisy*, 1676. — Oraison funèbre de M. le premier Président de Lamoignon, par M. Fléchier. *Paris, S. Mabre-Cramoisy*, 1679. — Oraison funèbre de Marie-Térèse d'Autriche, reine de France et de Navarre, par M. Fléchier. *Paris, Séb. Mabre-Cramoisy*, 1684. — Oraison funèbre de Marie-Anne Christine de Bavière, Dauphine de France, par messire Esprit Fléchier. *A Paris, chez Dezallier*, 1690. — Oraison funèbre de très-haut et très-puissant seigneur Mᵉ Charles de Sainte-Maure, duc de Montausier, pair de France, par messire Esprit Fléchier. *A Paris, chez Antoine Dezallier*,

1690. Ens. 7 ouvrages en 1 vol. in-4, mar. vert, jans. dent. int. tr. dor. (*Duru.*)

Éditions originales. Beaux exemplaires.

129. PANÉGYRIQUES et autres sermons, prêchez par messire Esprit Fléchier. *A Paris, chez Jean Anisson,* 1696. In-4, portrait, mar. vert, dos orn. fil. tr. dor. (*Thivet.*)

Édition originale. Bel exemplaire, avec une LETTRE AUTOGRAPHE DE L'AUTEUR.

130. ÉLOGE FUNÈBRE de très-haut, très-puissant et très-excellent prince Henri de Bourbon, prince de Condé, et premier prince du sang, par le Père Bourdaloue. *A Paris, chez Sébastien Mabre-Cramoisy,* 1684. In-4, mar. rouge, jans. dent. int. tr. dor. (*Trautz-Bauzonnet.*)

Édition originale. Très bel exemplaire.

131. ORAISON FUNÈBRE de très-puissant prince Louis de Bourbon, prince de Condé, premier prince du sang... par le Père Bourdaloue. *A Paris, chez Estienne Michallet,* 1687. In-4, mar. rouge doublé de mar. bleu, riches compart. tr. dor. (*Gruel.*)

Édition originale.

132. RECUEIL DES ORAISONS FUNÈBRES, prononcées par messire Jules Mascaron. *A Paris,* 1704. In-12, portr. mar. brun. jans. dent. int. tr. dor. (*Cuzin.*)

Édition originale.

133. Oraison funèbre de très-haut, très-puissant et très-excellent prince François-Louis de Bourbon, prince de Conty, prononcée..... par le Père Mas-

sillon. *A Paris, chez Raymond Mazières*, 1709. In-4,
mar. rouge, jans. dent. int. tr. dor. (*Trautz-Bauzonnet.*)

Édition originale.

3. POÉSIE

I. POÈTES GRECS ET LATINS

134. L'ILIADE (ET L'ODYSSÉE) d'Homère, traduite en
françois avec des remarques, par Mme Dacier. Nouv.
édition, revue corrigée et enrichie de figures en
taille-douce, par Picard le Romain. *Amsterdam*,
1731. 7 vol. in-12, demi-rel. vélin (*Rel. anc.*)

135. ANACREONTIS Teii Odæ (gr.-lat.) ab Henrico Ste-
phano luce et latinitate nunc primum donatæ. *Lute-
tiae, apud Henricum Stephanum*, 1554. In-4, v. brun
tr. dor. ciselée (*Rel. anc.*)

Editio princeps.

136. ANACRÉON, SAPHO, BION ET MOSCHUS,
suivis de la Veillée des fêtes de Vénus, et d'un choix
de pièces de différents auteurs (par Moutonnet de
Clairfons). *A Paphos, et se trouve à Paris*, 1773. —
HÉRO ET LÉANDRE, poëme de Musée, etc., etc. (traduit par le même). *A Sestos et se trouve à Paris*,
1774. 2 parties en 1 vol. gr. in-8 tiré in-4 sur papier
de Hollande, figures d'Eisen, mar. rouge, fil. tr.
dor. (*Derome.*)

Superbe exemplaire en grand papier de Hollande.
Ce beau livre est orné de deux frontispices pour *Anacréon*
et *Héro et Léandre*, d'après Eisen, gr. par Massard et Duclos,

et de 13 vignettes, de 12 culs-de-lampe d'après Eisen gr. par
Massard.

De la bibliothèque de M. Desbarreaux-Bernard.

137. APOLLONIUS RHODIUS. Argonauticon libri IV græce,
cum scholiis græcis. *Florentiæ (Laurentius Fran-
ciscus de Alopa)*. 1496. In-4, mar. brun comp. à froid
(*Rel. de l'époque.*)

Edition princeps; l'un des cinq ouvrages grecs exécutés en
lettres capitales par Laurentius de Alopa, et qui, tous, sont
très rares. Exemplaire grand de marges.

138. PUBLII VIRGILII MARONIS Bucolica, Georgica et
Æneis, illustrata, ornata et accuratissime impressa.
Londini, Knapton et Sandby, 1750. 2 vol. in-8,
figures et médailles, v. fauv. fil. tr. dor. (*Rel. anc.*)

139. ÉLÉGIES DE TIBULLE, avec des notes et
recherches de mythologie, d'histoire et de philosophie, suivies des Baisers de Jean Second, traduction
nouvelle, adressée du donjon de Vincennes, par Mirabeau l'aîné, à Sophie Ruffey. *Tours et Paris, l'an III
de l'ère républicaine*. 3 vol. gr. in-8, fig. veau marbr.
tr. dor.

Bel exemplaire en grand papier vélin avec la double suite
des figures de Borel. ÉPREUVES AVANT LA LETTRE ET EN COU-
LEUR.

140. QUINTI HORATII FLACCI OPERA. *Londini, æneis
tabulis incidit Johannes Pine*, 1733. 2 vol. gr. in-8,
fig. mar. rouge, fil. tr. dor. (*Rel. anc. fatig.*)

Exemplaire de premier tirage.

141. LES MÉTAMORPHOSES D'OVIDE, en latin
et en françois, de la traduction de l'abbé Banier.
Paris, 1767-1771. 4 vol. in-4, figures d'Eisen, Mo-

3

reau, Boucher, etc., grav. par Lemire et Basan, vign.
par Choffard, mar. rouge, dos orn. fil. tr. dor. (*Rel.
. anc.*)

Exemplaire de premier tirage.

142. Les Métamorphoses d'Ovide, traduites en vers
françois, par T. Corneille. *A Paris, chez Cl. Barbin,* 1669-1672. 2 vol. in-12, parch.

Édition originale.

143. Pièces choisies d'Ovide, traduites en vers françois, par M. T. Corneille. *A Paris, chez Cl. Barbin,* 1670. In-12, parch.

2. POÈTES FRANÇAIS

A. Depuis les premiers âges de la poésie française
jusqu'à Villon.

144. Recueil des plus belles pièces des poètes françois, tant anciens que modernes, avec l'histoire de
leur vie, par l'auteur des Mémoires du voyage
d'Espagne. *A Paris (Hollande),* 1692. 5 vol. pet.
in-12, vélin.

145. Les Poésies du Roy de Navarre avec des notes
et un glossaire françois. *Paris,* 1742. 2 vol. in-8, v.
br.

146. Les Poésies du duc Charles d'Orléans, publiées
sur le manuscrit original de la Bibliothèque de Grenoble..... par Aimé Champollion-Figeac. *Paris,*
1842. In-8, mar. vert, tr. dor. (*Trautz-Bauzonnet.*)

Exemplaire sur grand papier vélin.

147. LE ROMMANT DE LA ROSE (par Guillaume de Lorris et Jehan de Meung).

> Cy cōmance le rōmant de la rose
> Ou tout lart damours est enclose.

S. l. n. d. Pet. in-fol. goth. à 2 col. fig. sur bois, mar. brun. ornements à froid, tr. dor. (*Bedfort.*)

Première et précieuse édition de ce poème, imprimé à Lyon par Guillaume Le Roy, vers 1485. Le titre, qui manque presque toujours, est à notre exemplaire, qui est grand de marges et bien conservé. De la bibliothèque de S. R. TURNER.

148. LA BELLE DAME SANS MERCI (par Alain Chartier. (A la fin :) Explicit. *S. l. n. d.* Pet. in-4, goth. de 6 ff. non chiffrés impr. à 2 col. de 38 lig. à la col. pl. mar. vert, dos orn. fil. tr. dor. (*Trautȝ-Bauȝonnet.*)

Édition précieuse. Très bel exemplaire.

149. LES FAIZ MAISTRE ALAIN CHARTIER, notaire et secrétaire du roy Charles VI. (A la fin :) *Le present livre ou quel est traittie des faits maistre Alain Chartier a este imprime en la ville de Paris, par honnourable homme maistre Pierre Le Caron, expert en lart de impression, demourant en la grant rue du Temple,* le vᵉ jour de septembre lan mil iiijᶜ, iiij, xx et noeuf (1489). In-fol. goth. à 2 col. fig. sur bois, mar. brun, riches ornements, tr. dor. (*Bedfort.*)

Première édition des poésies d'Alain Chartier.
Exemplaire grand de marges et très bien conservé, sauf quelques piqûres de vers insignifiantes qui ont été raccommodées.
De la bibliothèque de S. R. Turner.

150. LES ŒUVRES DE MAISTRE ALAIN CHARTIER.... Contenant l'histoire de son temps, l'Espérance, le

Curial, le Quadrilogue et autres pièces, toutes nouvellement reveues et corrigées et de beaucoup augmentées sur les Exemplaires escrits à la main, par
André du Chesne, Tourangeau. *A Paris*, 1617.
In-4, vélin. (*Rel. anc.*)

B.   Depuis Villon jusqu'à Clément Marot.

151.

LES OEVVRES DE
maiſtre Françoys Villon.

Le monologue du franc archier
de Baignollet.

Le Dyalogue des ſeigneurs de
Mallepaye & Bailleuent.

On les vend au premier pillier a
la grand ſalle du Palays pour Ga-
liot du pre.

M. D.XXXII.

Pet. in-8, lettres rondes, reliure genre xvıᵉ siècle,
maroquin olive, dorure à la fanfare exécutée au jeu
de filets, compart. remplis de petits fers et de feuil-

lages, doublé de maroq. citron, orné d'une guirlande
de fleurs, tr. dor. (*Thibaron-Joly.*)

> Superbe exemplaire de cette précieuse édition, qui contient
> diverses pièces rejetées comme étrangères à Villon, dans l'édi-
> tion de cet auteur, donnée par Cl. Marot, en 1533, lequel
> termine ainsi sa préface aux lecteurs :
> « Et si quelqu'un d'adventure veult dire que tout ne soit
> racoustré ainsi qu'il appartient, je luy respons dès mainte-
> nant, que s'il estoit autant navré en sa personne comme j'ay
> trouvé Villon blessé en ses œuvres, il n'y a si expert chirur-
> gien qui le sceust panser sans apparence de cicatrice; et me
> suffira que le labeur qu'en ce j'ai employé soit agréable au Roy
> mon souverain qui est cause et motif de ceste emprise et de
> l'exécution d'icelle, pour l'avoir veu voulentiers escouter et
> par très bon jugement estimer plusieurs passages des œuvres
> qui s'ensuyvent. »

152. Les Œuvres de François Villon de Paris, reveues
et remises en leur entier par Clément Marot, valet de
chambre du Roy. *On les vend à Paris au cloz Bru-
neau à la Corne de Cerf, par Guillaume Le Bret,*
1542. Petit in-8 de 55 ff. mar. rouge, dos orn. fil.
tr. dor. (*Hardy-Mennil.*)

153. Les Œuvres de François Villon. *A Paris, Coustelier,* 1723. Petit in-8, mar. rouge, fil. tr. dor. (*Rel.
anc.*)

154. Les Poésies de Martial de Paris dit d'Auvergne. *Paris, Coustelier,* 1724. 2 vol. in-12, mar.
rouge, dos orn. fil. tr. dor. (*Reliure ancienne.*)

155. CHANTZ ROYAULX, oraisons et aultres pe-
titz traictez faictz et composez par feu de bonne memoire maistre Guillaume Cretin... *On les vend à
Paris, en la boutique de Galliot du Pré.* (A la fin :)
Imprimé à Paris par maistre Simon du Bois pour

Galliot du Pré... l'an mil cinq cens vingt sept. Petit
in-8, goth. v. écail. fil. tr. dor. (*Rel. anc.*)

Bel exemplaire de M. le baron Jérôme PICHON.

156. LES POÉSIES DE GUILLAUME CRETIN. *Paris, Coustelier,* 1723. In-12, mar. rouge, dos orn. fil. tr. dor.
(*Reliure ancienne.*)

157. LA LÉGENDE DE MAISTRE PIERRE FAIFEU, mise en
vers par Charles Bourdigné. *Paris, Coustelier,* 1723.
In-12, mar. rouge, dos orn. fil. tr. dor. (*Reliure ancienne.*)

158. LES POÉSIES DE GUILLAUME COQUILLART, official de
l'église de Reims. *Paris, Coustelier,* 1723. In-12,
mar. rouge, dos orn. fil. tr. dor. (*Rel. anc.*)

159. LES FAICTZ ET DICTZ DE FEU DE
BONE MÉMOIRE MAISTRE JEHAN MOLI-
NET, contenant plusieurs beaulx traitez, oraisons
et champs royaux, comme lon pourra facillement
trouver par la Table qui s'ensuyt. Nouvellement
imprimez à Paris, M.DXXXVII. *On les vend à Paris
en la rue Sainct-Jacques, à l'enseigne de la fleur de
Lys d'or, chez Jehan Petit.* Pet. in-8, goth. mar.
rouge, fil. tr. dor. (*Derome.*)

Bel exemplaire bien conservé dans une jolie et fraîche
reliure ancienne.

160. LES ŒUVRES DE JEAN MAROT. *A Paris, chez Coustelier,* 1723. In-8, mar. rouge, dos orné, fil. tr. dor.
(*Reliure ancienne.*)

IAN MAROT

DE CAEN SVR LES DEVX

heureux Voyages de Genes & Venife, victo=
rieufement mys a fin, Par le trefchreftien Roy
Loys Douziefme de ce nom, Pere du Peuple,
Et veritablement efcriptz par iceluy Ian Ma=
rot, alors Poete & Efcriuain de la trefmagnani
me Royne Anne, Ducheffe de Bretaigne, &
depuys, Valet de chambre du trefchreftiē Roy
Francoys, premier du nom,

❧

On les vent a Paris deuant Lefglife Sainde
Geneuiefue des Ardens Rue Neufue Noftre
Dame, A L'enfeigne du Faulcheur,

Auec Priuilege pour Trois Ans.

(A la fin) : *Ce présent liure fut achevé d'imprimer
le XXII° iour de ianvier M.D.XXXII, pour Pierre
Roufet, dict le Faulcheur, par maistre Geufròy
Tory, de Bourges, imprimeur du Roy.* In-8, mar.
rouge, dos orn. fil. doublé de mar. rouge, dent. tr.
dor. (*Boyet.*)

Édition originale publiée par Clément Marot. Superbe
exemplaire.

C. Depuis Clément Marot jusqu'à Ronsard.

162.

LES
OEVVRES
DE CLEMENT
MAROT, DE CA-
HORS, VALLET
DE CHAMBRE
DV
ROY.
*
Plus amples, & en meilleur ordre
que parauant.

CONSTANTIA

ADVERSIS   DVRAT.

A Lyon, à l'enseigne du Rocher.
1 5 4 5.

In-8, mar. rouge, dos orné, fil. doublé de mar.
rouge, dent. int. tr. dor. (*Boyet.*)

Très bel exemplaire de SAINTE-BEUVE avec sa signature sur le feuillet de garde.

Cette édition est remarquable, parce que c'est la première où les poésies de Marot aient été classées dans l'ordre des genres qui a été adopté depuis.

L'imprimeur, dans un avis au lecteur, dit que ce classement a été fait *soubs la correction et bon jugement toutefois de l'autheur*... « Entre les quelz œuvres en trouveras aussi plusieurs autres du dict Marot qui n'ont jusques à présent esté imprimez, despartiz pareillemēt et distribuez chascun en son ordre. Invention (à mon advis) que l'autheur mesmes ne reprouvera. Ce que tu pourras en lisant trop mieux gouster, que moy par parolles le te donner à cognoistre : et le tout, bening lecteur, à ta consolation pourveu que tu le prennes en aussi bonne part, comme curieusement je t'y ai voulu complaire. Et à Dieu. »

163. LES ŒUVRES DE CLÉMENT MAROT DE CAHORS, vallet de chambre du Roy, plus amples et en meilleur ordre que paravant. *A Paris, par G. Le Bret*, 1547, un fort vol. in-16 réglé, v. fauv. tr. dor. mouillures et piqûres de vers (*Rel. anc.*)

Dans le même volume : CINQUANTE-DEUX PSEAUMES DE DAVID, traduitz en rithme françoyse selon la vérité hébraïque, par Clément Marot, avec plusieurs compositions tant dudict autheur que d'autres, non iamais encore imprimées. *A Paris, chez Guillaume Thibaut, demourant rue Alexandre l'Anglois, à l'Enseigne du Paon*, 1547. In-16 de 88 feuillets, plus 16 feuillets pour l'ENFER DE CLÉMENT MAROT et le COQ A L'ASNE. A LYON, JAMET.

164. # L A D O L E S C E N C E C L E M E N T I N E ✦

Autrement, Les Oeuures de Clement Marot de Cahors en Quercy, Valet de Chambre du Roy, composees en leage de son Adolescence.
Auec la Complaincte sur le Trespas de feu Messire Florimond Robertet. Et plusieurs autres Oeuures faictes par ledict Marot depuis lcage de sa dicte Adolescēce. Le tout reueu/corrige/& mis en bon ordre.

N. Beraldus, in Clementis
Adolescentiam.

Hi sunt Clementis iuueniles, aspice, Lusus,
Sed tamen his ipsis est iuuenile nihil.

On les vend a Paris, deuant Lesglise Saincte Geneuiefue des Ardens, Rue Neufue nostre Dame. A Lenseigne du Faulcheur.

Auec Priuilege pour Trois Ans.

(Au recto du dernier feuillet :) Ce présent Livre fut

achevé d'imprimer le Lundy xij iour Daoust Lan
M.D.XXXII (1532), pour Pierre Roffet, dict le
Faulcheur, par Maistre Geofroy Tory, Imprimeur du Roy. Pet. in-8, de 4 ff. prél. 115 ff. chif. et
1 f. non chiff. mar. rouge, dos orné, comp. de fil. à
la Grolier sur les plats, tr. dor. (*Duru.*)

ÉDITION ORIGINALE, rare et précieuse, dont on ne connaît
que quatre exemplaires, celui de la vente SOLAR (Cat.,
n° 1150) acheté pour la Bibliothèque nationale, celui du
Musée britannique, celui de M. ERNEST QUENTIN-BAUCHART
(*Mes Livres*, n° 40) qui fait partie de la Bibliothèque du re-
gretté baron James de ROTHSCHILD, et celui-ci.

Deux éditions ont été imprimées par *Geofroy Tory* en
1532, l'une achevée le 12 août et l'autre le 13 novembre.

L'édition de 1530 citée par Lenglet du Fresnoy, et dont on
conteste l'existence, n'a jamais été retrouvée.

Cette édition imprimée en caractères ronds est ainsi composée : 4 ff. lim., savoir : le titre contenant au v° le *Privilège*
accordé pour trois ans à *Pierre Roffet*, l'épître de *Clément
Marot à ung grant nombre de frères quil a*, tous enfans
d'Apollo, la *Table des choses contenues en l'Adolescence Clementine* et 1 f. blanc. — *L'Adolescence Clementine*, renfermant
la *Premiere Eglogue des Bucoliques de Virgile, le Temple
de Cupido, le Jugement de Minos, les tristes Vers de
Beroalde, Oraison au Crucifix, Epistres, Epitaphes, Ballades,
Rondeaux, Dixains, Blasons, Envois et Chansons*, occupe les
ff. 1 à 88. Le f. 89 r° porte : *Autres œuures* || *de Clement
Marot, valet de chambre du* || *Roy. Faictes depuis leage de
son adolescë* || *ce* | *Par cy deuant incorrectement et main* ||
tenant correctement imprimees, contenant *Deploration sur le
trepas de Florimond Robertet, Eglogue de Madame, Chant
Royal Chretien, Epistres*, etc. Cette seconde partie se termine
au f. 115 par la devise de Marot : *La Mort n'y mord.*

La fin de ce f. et le suivant r° sont occupés par l'*Errata.*

Cet exemplaire, très-grand de marges, provient de la vente
AMB. FIRMIN-DIDOT (Cat. de 1878, n° 240). Le rédacteur de
ce catalogue a omis de mentionner que le dernier f. avait été
refait à la plume.

165. # LA SVITE
de l'adolefcence Clementine,
dont le contenu fenfuyt,

Les Elegies de L'autheur
Les Epiftres differentes
Les Chantz diuers
Le Cymetiere
Et le Menu.

On les vēd a Paris en la rue neufue noftre Dame, deuant E'efglife Sainĉte Geneuiefue des
Ardens, a l'enfeigne du Faulcheur.

Auec priuilege pour trois ans.

In-8 réglé, maroq. brun, comp. fil. dos orné, tr. dor.
(*Trautz-Bauzonnet.*)

Édition originale d'une grande rareté, raccommodage dans
les marges du bas des premiers feuillets.

166. # RECVEIL

DES OEVVRES

DE FEV BONAVEN-
TVRE DES PE-
RIERS,

*

Vallet de Chambre de Treschrestienne Prin-
cesse Marguerite de France, Royne
de Nauarre.

A LYON,
Par Iean de Tournes.
1544.
Auec Priuilege.

In-8, mar. rouge, jans. tr. dor. (*Hardy*.)

Un des poètes les plus rares de la première moitié d
xvie siècle. Bel exemplaire.

167. LE MIROIR DE
trefchreftienne Princeffe MAR-
GVERITE de France, Royne de
Nauarre , Ducheffe D'alen-
çon & de Berry:auquel
elle uoit & fon
neant,& fon
tout.

Imprimé à Paris par Antoine
Augereau,demourant en la rue S.
Iacques, a l'imaige fainᶜᵗ Iacques,
pres les Iacobins.

1 5 3 3

Pet. in-4, réglé, lettres rondes, de 36 feuillets à
3o lignes par page. (Au recto du dernier feuillet :)
Pour la Royne de Navarre. Reliure mosaïque du

xvi° siècle, maroq. la Vall. clair, incrustations de mar.
brun et rouge, entrelacs de filets, orné d'une marguerite dans chaque compartiment, doublé de mar.
bleu, ornements de feuillages exécutés feuille à feuille,
tr. dor. (*Thibaron-Joly.*)

Précieuse édition, non décrite au *Manuel*. — Le verso du
titre est blanc. — A la suite du Miroir, viennent les pièces
suivantes : *Discord estant en l'homme par la contrariété de
l'esprit et de la chair et paix par vie spirituelle; — Oraison
à Nostre Seigneur Jésus-Christ:* — deux autres oraisons (en
prose); —*le VI pseaulme de David translaté en* (vers) *françoys
selon l'hébreu par* CLÉMENT MAROT, valet de chambre du
Roy.
Superbe exemplaire à toutes marges. Chef-d'œuvre de
reliure.

Fac-simile du dernier feuillet.

POVR LA
ROYNE DE
Nauarre.

¹⁶⁸·MARGVERITES
DE LA MARGVERITE
DES PRINCESSES,
TRESILLVSTRE
ROYNE
DE
NAVARRE.

A LYON,
PAR IEAN DE TOVRNES.
M. D. XLVII.

Aùec Priuilege pour six ans.

Deux parties en un vol. in-8, fig. sur bois, veau antique, avec compartiments argent, or, noir et vert, tr. dor. (*Riche reliure du XVI° siècle, restaurée.*)

Bel exemplaire des bibliothèques de MM. BRUNET et PARADIS

169.

LE

TOMBEAV

DE MARGVERITE DE VA-
LOIS ROYNE DE NAVARRE.

Faiĉt premierement en Difticques Latins par les trois Sœurs
Princeffes en Angleterre. Depuis tráduiĉtz en Grec, Italié,
& François par plufieurs des excellentz Poëtes de la Fráce.

*Auecques plufieurs Odes, Hymnes, Cantiques, Epi-
taphes, fur le mefme fubieĉt.*

NE LA MORT,   NE LE VENIN.

A PARIS.

De l'imprimerie de Michel Fezandat , & Robert Granlon
au mont S. Hilaire à l'enfeigne des Grans Ions, & au Palais
en la boutique de Vincent Sartenas.

1551.

AVEC PRIVILEGE DV ROY.

Pet. in-8, portrait de Marguerite, maroq. olive, dos

4

orné de marguerites, comp. dent. int. tr. dor. (*Lortic.*)

> Les trois sœurs, princesses en Angleterre, sont Anne, Marguerite et Jeanne de Seymour; les poètes N. Denizot, du Bellay, Baïf, L. des Mireurs, Antoinette de Louynes, J. P. de Mesmes, etc.
> Recueil très curieux devenu fort rare. Bel exemplaire de R. Turner.

170. ŒUVRES DE LOUISE CHARLY DITE LABÉ, surnommée la Belle Cordière (publiées par Pierre Adamoli), avec des recherches sur sa vie (par A. Claret de la Tourette). *A Lyon, chez les frères Duplain,* 1762. In-8, front. et vignettes de Nonnotte, mar. bleu, jans. tr. dor. (*Chambolle-Duru.*)

171. ŒUVRES POÉTIQUES DE MELLIN DE SAINT-GELAIS. *A Lyon, par Benoist Rigaud,* 1582. In-16, mar. rouge, dos orné, tr. dor. (*Lortic.*)

A LYON,
PAR BENOIST RIGAVD,
M. D. LXXXII.
Avec permission.

172. O E V V R E S

POËTIQVES DE

MELLIN

DE

S. GELAIS.

A LYON,
PAR ANTOINE DE HARSY,
M.D.LXXIIII.

Auec Priuilege du Roy.

In-8, maroq. rouge, dos orné, compart. dent. int. tr. dor. (*Trautz-Bauzonnet.*)

Très bel exemplaire. De la bibliothèque de M. de Behague.

D. Depuis Ronsard jusqu'à Malherbe.

173. *LES QVATRE PREMIERS liures des Odes de Pierre de Ronsard, Vandomois.*

Ensemble son Bocage.

ΣΩΣ Ο ΤΕΡΓΑΝΔΡΟΣ.

Μέ φος ὁ Ϝ Δινσπερδὲς μοι ἐναίσιμον οὔνομα κεῖται,
Σῶς δ' ὁ Τέρπανδρος, περ ψιβροτός τι χόλυς.
ΙΩ. Αυραβῦ.

A PARIS.

Chez Guillaume Cauellart libraire iuré de l'uniuersité de Paris, demeurant deuant le College de Cambrai, à la poulle grasse.

M. D. L.

AVEC PREVILEGE DV ROI.

In-8, réglé, mar, rouge, fil. dos orné, tr. dor. (*Hardy-Mennil.*)

Édition originale, très rare.—A la suite est relié: L'Hymne

DE FRANCE COMPOSÉ PAR PIERRE DE RONSARD VANDOMOIS. *Paris, de l'imprimerie de Michel Vascosan*, 1549. 8 ff. C'est la première pièce de vers publiée par Ronsard.

174. LES AMOURS DE P. DE RONSARD, Vandomois, nouvellement augmentées par lui et commentées par Marc-Antoine de Muret, plus quelques odes de l'auteur non encor imprimées, *A Paris*, 1553. In-8, mar. roug, dos orn. fil. tr. dor. (*Chambolle-Duru.*)

175. LES HYMNES DE P. DE RONSARD, Vandomois. A très-illustre et révérendissime Odet, cardinal de Chastillon. *A Paris, chez André Wechel*, 1555. — Hymne de Bacchus, par Pierre de Ronsard..... avec la version latine de Jean Dorat. *A Paris, chez André Wechel.* — LE SECOND LIVRE DES HYMNES de P. de Ronsard..... à très-illustre princesse Madame Marguerite de France, sœur unique du Roy. *A Paris, chez André Wechel*, 1556. 3 parties en 1 vol. in-4 réglé, v. fauv. fil. tr. dor. ciselée.

Reliure du xvıᵉ siècle avec armoiries dans l'entourage desquelles on lit ce nom : G. W. A. D. JULIUS VON THUNGEN, avec la date de 1558.
Exemplaire parfaitement conservé.

176. EXHORTATION POUR LA PAIX, par P. de Ronsard, Vandomois. *A Paris, de l'imprimerie d'André Wechel*, 1558. In-4, de 8 ff. vélin.

Édition originale.

177. EXHORTATION DU CAMP DU ROY pour bien combattre le jour de la bataille (par Ronsard). *A Paris*, 1558. In-4 de 8 pp. parch.

Édition originale.

178. Chant pastoral sur les noces de Monseigneur
Charles, duc de Lorraine, et Madame Claude, fille
du Roy, par P. de Ronsard. *A Paris,* 1559. In-4 de
20 pp. parch.

Édition originale.

179. Institution pour l'adolescence du Roy très-chrestien Charles neufviesme du nom, par P. de Ronsard.
Paris, Gabriel Buon, 1562. 6 ff. — Élégie de P. de
Ronsard sur les troubles d'Amboise à G. des Autels.
Paris, G. Buon, 1563. — Discours des misères de ce
temps, par P. de Ronsard. *Paris, G. Buon,* 1562. —
Response de P. de Ronsard aux injures et calomnies
de je ne sais quels prédicans de Genève, sur son discours des misères de ce temps. *Paris, G. Buon,*
1563. Ens. 4 pièces réunies en 1 vol. in-4, mar. bleu,
dent. int. tr. dor. (*Duru.*)

Ces différents opuscules de Ronsard, en éditions originales,
sont accompagnés des pièces suivantes en vers français : *La-
mentations de l'Église sur le désastre et merveilleux excès de
notre foi catholique, par Desmons. Paris,* 1563, 8 *ff.* —
Hymne de la Paix, par Passerat. Paris, G. Buon, 1563, 6 *ff.*
— *Complainte lamentable de la mort du duc de Guise, par L.
T. Paris, G. Buon,* 1563, etc. — Et autres pièces sur la mort
du duc de Guise.

Exemplaire de Sainte-Beuve, avec sa signature et des notes
autographes.

180. Les quatre premiers livres de la Franciade, par
Pierre de Ronsard. *A Paris, par Gabriel Buon,*
1572. In-4, mar. rouge, dos orn. fil. tr. dor. armoiries (*Capé.*)

Édition originale.

181. Les Œuvres de P. de Ronsard, gentilhomme van-

domois..... rédigées en 10 tomes. *A Paris, chez la vefve de Gabriel Buon,* 1597. 10 tomes en 2 forts vol. pet. in-12, mar. rouge (*Rel. anc.*)

C'est dans cette édition qu'apparaît pour la première fois le portrait de Ronsard en manteau et cuirasse à la Romaine, qui orne la première édition des Amours. Elle est aussi ornée des portraits de Henri II, Charles IX, Henri III, François duc d'Anjou, et de Muret.

182. RECUEIL DES SONNETS, odes, hymnes, élégies et autres pièces retranchées aux éditions précédentes des œuvres de P. de Ronsard, avec quelques autres non imprimées cy devant. *Paris,* 1609. In-12, chagr. bleu, tr. dor.

183. ODE PRÉSENTÉE A MONSEIGNEUR LE DUC DE GUISE à son retour de Calais, par R. Belleau. *A Paris,* 1558. In-4 de 8 pp. parch.

Édition originale.

184. EPITHALAME sur le mariage de Monseigneur le duc de Lorraine et de Madame Claude, fille du Roy. Chanté par les nymphes de Seine et de Meuse, par R. Belleau. *A Paris,* 1559. In-4 de 16 pp. parch.

Édition originale.

185. EPITHALAME sur les nosses de René Dollu et de Denize Marcel, à Paris, xi juillet 1569, par R. Belleau. *S. l. n. d.* In-4 de 8 pp. parch.

Édition originale.

186.   LA

BERGERIE

DE R. BELLEAV, DIVI-
SEE EN VNE PREMIERE,
& seconde Iournee.

A   PARIS,
Chez Gilles Gilles, Rue S. Iean de Latran,
aux trois Couronnes.
1 5 7 2.
AVEC PRIVILEGE DV ROY

2 parties en un vol. in-8, mar. rouge, dos orn. fil. doublé de mar. bleu, dent. int. tr. dor. (*Thibaron-Joly*.)

Édition originale. Très rare.

187. LES AMOURS et nouveaux exchanges des pierres précieuses : vertus et propriétez d'icelles. Discours de la vanité..... par Remy Belleau. *Paris, Mamert Patisson,* 1576. In-4, mar. vert, comp. genre Grolier, tr. dor. (*Thompson.*)

Édition originale très rare.

188. LES ŒUVRES POÉTIQUES DE REMY BELLEAU. *Paris, pour Gilles Gilles,* 1578. 2 tomes en 1 vol. in-12, mar. vert, fil. dos orn. tr. dor. (*Anc. rel.*)

Bel exemplaire aux armes de la comtesse de VERRUE.

Cet exemplaire présente cette singularité qu'il est aux armes de la comtesse de Verrue, et que ce n'est point pourtant le sien. Celui de cette dame, on le voit par son catalogue (page 86), était de l'édition de Paris 1585. Comme il était incomplet et en mauvais état intérieurement, on en a enlevé la couverture, qu'on a adaptée à un bel exemplaire de l'édition de 1578. Ce remboîtage a été si habilement fait qu'il serait difficile de s'en apercevoir, si on ne le savait pas.

De la bibliothèque du comte O. de Béhague.

189. ŒUVRES POÉTIQUES DE JEAN ET JACQUES DE LA TAILLE. *Paris, Fréd. Morel,* 1572-74. 5 parties en 1 vol. in-8, mar. brun, fil. dos milieux ornés, tr. dor. (*Trautz-Bauzonnet.*)

Très bel exemplaire d'une édition précieuse et fort rare des pièces originales des deux de la Taille. — Voici l'indication des pièces :

Saul le Furieux, tragédie, plus une remonstrance faicte pour le roy Charles IX, avec hymnes, cartels, épitaphes, anagrammatismes et autres œuvres du mesme autheur (Jean de la Taille); *Paris,* 1572. — *La Famine ou les Gabeonites, tragédie; ensemble plusieurs autres œuvres poétiques de Jehan de la Taille de Bondaroy, gentilhomme du pays de Beauce, et de feu Jacques de la Taille son frère; Paris,* 1574. — *Daire, tragédie de feu Jacques de la Taille; Paris,* 1574.

— *Alexandre, tragédie de Jacques de la Taille; Paris,* 1573.— *La Manière de faire des vers en françois, comme en grec et en latin, par feu Jacques de la Taille; Paris,* 1573.— L'exemplaire est des plus grands de marges; le dernier opuscule, qui se trouvait plus court, a été remonté pour être mis à la hauteur du reste du volume.

De la bibliothèque de MM. Turquety et L. de Montgermont.

190. LES ŒUVRES POÉTIQUES DE JOACHIM DU BELLAY. *Paris, Fréd. Morel,* 1561-65. 15 pièces en 1 vol. in-4, mar. rouge, fil. comp. dent. intér. dos orn. tr. dor. (*Capé.*)

Ce volume précieux est un recueil factice. La reliure en est fort belle et d'une entière fraîcheur. Il renferme les pièces suivantes: Les Regrets et autres œuvres poétiques, 1565. — Le premier livre des Antiquités de Rome, 1562. — Divers Jeux rustiques et autres œuvres poétiques, 1565. — Discours au roy sur la trève de l'an 1555. — Hymnes au roy sur la prise de Calais. — Les Furies contre les infracteurs de foy, 1561, — Epithalame sur le mariage de très illustre princesse Marguerite de France, 1561. — Entreprise du roy-dauphin pour le tournoy, sous le nom du Chevalier adventureux. — Tumulus Henrici secundi Galliarum regis Christianiss. (en latin et en français), 1561. — La Monomachie de David et de Goliath, ensemble plusieurs autres œuvres poétiques, 1561. — La Défense et illustration de la langue françoise, 1561. — L'Olive et autres œuvres poétiques, 1561. — Recueil de poésies, présenté à très illustre princesse madame Marguerite, sœur unique du roy, 1561. — Ode sur la naissance du petit duc de Beaumont, fils de monseigneur de Vendosme, roy de Navarre, 1561. — Discours au roy contenant une brefve et salutaire instruction pour bien et heureusement régner, 1566. — Elegie sur le trépas de J. du Bellay, Angevin, par G. Aubert de Poictiers, 1561.

Toutes ces poésies sont d'éditions imprimées séparément et la plupart originales. Il est extrèmement difficile de réunir toutes ces pièces.

Superbe exemplaire provenant des ventes GIRAUD, SOLAR et ODIOT.

191. HYMNE AU ROY sur la prinse. de Callais, avec quelques autres œuvres sur le mesme sujet, composez par J. du Bellay. *Paris,* 1558. In-4 de 12 pp. parch.

192. QUATRE LIVRES DE L'AMOUR DE FRAN-CINE, par Jean-Antoine de Baïf. *Paris, André Wechel,* 1555. 120 ff. chiff. et 8 ff. non chiff. — LES AMOURS de J.-A. de Baïf (avec Meline, deux livres). *Paris, veufve Maurice de la Porte,* 1552, 103 pp. — RAVISSEMENT D'EUROPE, par le même. *Paris, veufve de la Porte,* 1552. 8 ff. 3 parties en 1 vol. in-8, mar. rouge, comp. tr. dor. (*Thouvenin.*)

Éditions originales fort rares. Bel exemplaire réglé de Ch. Nodier, avec son écusson sur les plats.

193. EVVRES EN RIME de Jean-Antoine de Baïf. *Paris, Lucas Breyer,* 1573. — LES AMOURS. *Paris, Lucas Breyer,* 1572. — LES JEUX. *Paris, Lucas Breyer,* 1573. — LES PASSE-TEMPS. *Paris, Lucas Breyer,* 1573. Ens. 4 tomes en 2 vol. in-8, mar. bleu, fil. à froid, tr. dor. (*Duru.*)

Très bel exemplaire, grand de marges, provenant de la Bibliothèque SAINTE-BEUVE. On sait comme il est difficile maintenant de réunir ces quatre volumes de Baïf. Signature et note de M. S.-B.

194. LES MIMES, enseignemens et proverbes de Jean-Antoine de Baïf, reveus et augmentez en cette dernière édition. *A Paris, par Mamert Patisson,* 1597. Pet. in-12, v. écaille, fil. tr. roug.

Bel exemplaire aux armes de MADAME DE POMPADOUR.

195. LES ŒUVRES POÉTIQUES D'AMADIS JA-

: MYN. *A Paris, par Robert Le Mangnier*, 1575. In-4, v. fauv. tr. roug. (*Rel. anc.*)

Édition originale. Très bel exemplaire.

196. LES ŒUVRES DE SCEVOLE DE SAINCTE-MARTHE. *A Paris, par Mamert Patisson*, 1579. In-4, mar. bleu, dos orn. fil. tr. dor. (*Lortic.*)

197. LES SOUPIRS AMOUREUX DE F. B. (Béroalde) de Verville. Avec un discours satyrique de ceux qui escrivent d'amour, par N. Le Digne. *Paris, Timothée Jouan*, 1584. Pet. in-12, mar. rouge, tr. dor. (*Thompson.*)

Joli exemplaire de M. Monmerqué, avec une note de sa main, et depuis de M. Chaponay.

198. LA SEMAINE, ou la Création du Monde, par G. de Saluste, seigneur du Bartas. *Paris, Jean Février*, 1578. In-4, mar. rouge, ornements sur les plats, dent. int. tr. dor. (*Hardy.*)

Édition originale. Bel exemplaire, grand de marges.

199. LA PREMIÈRE SEMAINE (et la Seconde) ou Création du Monde, de Guillaume de Saluste, seigneur du Bartas..... *Paris*, 1603, *et Genève*, 1608. 2 vol. in-12, vélin.

200. LA PUCE DE MADAME DES ROCHES, qui est un recueil de divers poëmes grecs, latins et françois, composez par plusieurs doctes personnages aux grands jours tenuz à Poictiers, l'an M. D. LXXIX. *Paris, Abel l'Angelier*, 1583. In-4, v. ant. fil. tr. dor. (*Bauzonnet.*)

Bel exemplaire de M. Armand BERTIN, de F. Solar, et de E. Turquety, avec une note de sa main. Sur le titre se trouve la signature du célèbre jurisconsulte Antoine de Mornac, ami d'Estienne Pasquier, l'un des auteurs de ces poésies.

201.   LES

DIVERSES

POESIES DV

SIEVR DE LA FRES

NAIE VAVQVELIN.

Dont le contenu se void en
la page suiuante.

EXPES   SPENO.

A CAEN,

Par CHARLES MACE' Imprimeur
du Roy.

1 6 1 2.

Pet. in-8, mar. rouge, fil. dos orn. tr. dor. (*Rel. anc.*)
TRÈS BEL EXEMPLAIRE de M. DE PIXERÉCOURT, de M. CH. No-

dier et de M. Sainte-Beuve (vendu 3,105 francs, à la vente de ce dernier).

Sur la garde se trouve la signature de M. Sainte-Beuve, avec cette note de sa main:

« Cet exemplaire est celui qui a appartenu à M. de Pixeré-court et à M. Nodier. Le timbre (de la bibliothèque Mazarine) qu'il porte m'a fait consulter les catalogues de la bibliothèque Mazarine pour voir s'il n'en provenait pas ; mais l'indication de ces poésies de Vauquelin de la Fresnaye manque dans le catalogue alphabétique de la bibliothèque Mazarine, rédigé en 1751, et je n'en ai pas retrouvé trace dans les catalogues antérieurs.

« Il est probable qu'il est sorti de la bibliothèque du cardinal lors de la grande vente qui se fit par arrêt du parlement, et dont parle Gui Patin dans sa lettre du 30 janvier 1652. »

Ce volume est aussi rare que recherché, surtout en an-cienne reliure.

202. LES DEUX PREMIERS LIVRES DES FO-RESTERIES, de J. Vauquelin de la Fresnaye. *Poitiers, par les de Marnefs et Bouchetz frères,* 1555. Petit in-8, mar. bleu, comp. dos orn. tr. dor. (*Trautz-Bauzonnet.*)

Ces poésies, excessivement rares, ne se trouvent pas dans le recueil des poésies de Vauquelin de la Fresnaye, publié en 1612.

Des bibliothèques de M. J. Pichon et du comte de Béhague.

203. Les premières Œuvres de Philippes Des Portes. *A Paris, de l'imprimerie de Robert Estienne,* 1576. In-4, mar. brun, dos orn. dent. et ornem. sur les plats, tr. dor. (*Capé.*)

Édition originale.

204. Le Premier Livre des poemes de Jean Passerat. *Paris, Mamert Patisson,* 1602. In-8, portr. mar. vert, fil. tr. dor. (*Duru.*)

205. L'A-Dieu à Phœbus et aux Muses, avec une ode à

Bacchus, par J. P. T. (Passerat). *Paris, Benoist Prevost,* 1559. In-4, mar. rouge, dent. int. tr. dor. (*Duru.*)

Exemplaire à toutes marges.

206. LES TRAGIQUES, donnez au public par le larcin de Prométhée (par A. d'Aubigné). *Au déçert (Genève), par L. B. D. D.* 1616. In-4, mar. rouge, jans. tr. dor. (*Trautz-Bauzonnet.*)

Édition originale. Superbe exemplaire.

E. Depuis Malherbe jusqu'à nos jours.

a. *Poésies de divers genres, poèmes héroïques, héroï-comiques, burlesques, satires, etc., etc.*

207. LES ŒUVRES DE Mʳᵉ FRANÇOIS DE MALHERBE, gentilhomme de la Chambre du Roy. *A Paris, chez Charles Chappellain,* 1630. In-4, portr. bas. piq. de vers.

Édition originale, et la première sous cette date.

208. RECUEIL DES PLUS EXCELLANS VERS SATYRIQUES de ce temps trouvés tant dans les cabinets des sieurs de Sigognes, Regnier, Motin, qu'autres des plus signalez poètes de ce siècle. *A Paris,* 1617. In-12, mar. rouge, jans. tr. dor. (*Masson-Debonnelle.*)

209. LES SATYRES et autres œuvres de Jean Regnier, augmentées de diverses pièces cy-devant non imprimées. *A Leide, chez Jean et Daniel Elzevier,* 1652. Pet. in-12, mar. citron, dos orn. fil. tr. dor. (*Rel. anc.*)

Exemplaire du prince Radziwill.

210. LE CABINET SATYRIQUE ou Recueil parfaict des

..vers piquans et gaillards de ce temps. *S. l. (Hollande, Elzev.)* à la Sphère, 1666. 2 vol. pet. in-12, mar. rouge, fil. dent. tr. dor. *(Rel. anc.)*

211. Les Œuvres de Théophile, divisées en trois parties. La première, contenant l'Immortalité de l'âme avec plusieurs autres pièces; la seconde, les Tragédies; et la troisième, les pièces qu'il a faites pendant sa prison, jusqu'à présent. De plus est augmentée la lettre contre Balzac, avec la Solitude du sieur Saint-Amand. Œuvre d'excellente invention. Dédiées aux beaux esprits de ce temps. *A Rouen, Louis Dumesnil*, 1631. In-8, v. fauv. dos orn. fil. et encadrement avec fleurons sur les plats *(Anc. rel. genre Du Seuil.)*

212. Le Parnasse satyrique du sieur Théophile. *S. l.* 1625, In-8, mar. la Val. mil. orn. dent. int. tr. dor. *(Lortic.)*

213. Le Parnasse satyrique du sieur Théophile. *S. l. (Hollande, Elzev.)*, 1650. Pet. in-12, mar. rouge, dos orn. large dent. sur les plats, tr. dor. *(Derome.)*

     Superbe exemplaire.

214. **LES SATYRES DU SIEUR DU LORENS,** divisées en deux livres (contenant 25 satyres). *Paris, Jacques Villery*, 1624. In-8, mar. orange, fil. dos orn. tr. dor. *(Trautz-Bauzonnet.)*

     Première édition de ces satires. De la bibliothèque du roi Louis-Philippe (Palais-Royal).

215. Les Satyres de Mr du Lorens, président de Chasteauneuf. *Paris, Antoine de Sommaville*, 1646. In-4, mar. rouge, fil. dos orn. tr. dor. *(Hardy.)*

     Troisième édition de ces satires recherchées. On sait qu'elle

différe totalement de la première et de la seconde qui parut
en 1633.

216. LES BERGERIES, de M. Honorat de Bueil,
chevalier, sieur de Racan. *A Paris,* 1625. In-8, réglé,
mar. rouge, dos orn. fil. tr. dor. (*Rel. anc.*)

Édition originale. Très rare.

217. ODES SACRÉES, dont le sujet est pris des pseaumes
de David... par M. Honorat de Bueil, sieur de Racan. *Paris, J. de Bray,* 1651. In-8, mar. bleu, riches
compart. à petits fers, tr. dor. (*Capé.*)

Première édition. Riche et élégante reliure.

218. DERNIÈRES ŒUVRES et autres poésies chrestiennes
de messire Honorat de Bueil, chevalier, seigneur de
Racan... *A Paris,* 1660. In-8, mar. bleu, dos orn.
fil. dent. int. tr. dor. (*Niedrée.*)

Édition originale.

219. LES ŒUVRES de M. Honorat de Bueil, chevalier,
seigneur de Racan. *A Paris, chez A.-U. Coustelier,*
1724. 2 vol. pet. in-8, v. marbr.

220. LES ŒUVRES DU SIEUR DE SAINT-
AMANT. *A Paris, de l'imprimerie de Robert
Estienne,* 1629 et années suivantes. 9 parties en
2 vol. in-4, mar. rouge, fil. dos orn. tr. dor. (*Chambolle-Duru.*)

TRÈS BEL EXEMPLAIRE dont toutes les parties sont en éditions originales.
TOME Ier. 12 ff. prélim. (au lieu de 4 ff. indiq. par Brunet)
et 255 pp. de texte.— La suite des Œuvres. *Paris, Pommeray.*
1631 (et non 1632), 4 ff. et 68 pp. — La seconde partie des
Œuvres. *Paris, Quinet,* 1643, 4 ff. prél. et 140 pp.

5

TOME II. Les Œuvres, etc., troisième partie. *Paris, Quinet,*
1649, 8 ff. prél. 136 pp. y compris le privilège. — Dernier recueil de diverses poésies du sieur de Saint-Amand. *Rouen et
Paris, chez A. de Sommaville,* 1658, 8 ff. prél. et 200 pp. y
compris la table. Caprice D. C. — Épître au duc d'Orléans
(ces deux pièces sont paginées de 327 à 353). — Le Caprice
ridicule (c.-à.-d. la Rome ridicule) dont la pagination va
de 137 à 197. — La Seine extravagante, 16 pp. — La Géné-
reuse. *Rouen et Paris,* 1658, 8 ff. prél. 58 pp. de texte et
1 feuillet pour le privilège.

221. LA ROME RIDICULE, caprice (par Saint-Amand).
S. l. n. d. In-4 de 56 pp. vélin, mod.

Édition originale.

222. MOYSE SAUVÉ; idyle héroïque du sieur de Saint-
Amand, à la sérénissime Reine de Pologne et de
Suède. *A Paris, chez Augustin Courbé,* 1653. In-4,
vélin.

Édition originale. Exemplaire en grand papier.

223. MOYSE SAUVÉ; idyle héroïque du sieur de Saint-
Amand, à la sérénissime Reyne de Pologne et de
Suède. *A Leyde, chez Jean Sambix (Holl., Elzev., à
la Sphère),* 1654. Pet. in-12, frontispice gravé, mar.
rouge, fil. dos orn. tr. dor. (*Rel. anc.*)

Hauteur : 129 millimètres.

224. Recueil de divers rondeaux (par Colletet). *A Paris,
chez Augustin Courbé,* 1639. Petit in-12, titre gravé
veau fauv. comp. à froid sur les plats, tr. dor.

Exemplaire de Pixerécourt.

225. L'ILLUSTRE BEUVEUR à ses amis (par Guillaume
Colletet). *Paris,* 1640. In-4 mar. rouge, jans. tr.
dor. (*Duru et Chambolle.*)

226. AUTRES POÉSIES de M. Colletet. *A Paris, chez Au-*

·*gustin. Courbé et Antoine de Sommaville*, 1642. In-4, cart.

Édition originale.

227. COLLETET. — L'Art poétique. — Traité du sonnet. — Discours du poème bucolique. — Traité de la'poésie morale et sententieuse. — La Nouvelle Morale. *Paris, Antoine de Sommaville et Louis Chamhoudry*, 1657-58. Ens. 5 ouvrages en un vol. in-12, v. brun, dos orn. fil. dent. int. tr. rouge. (*Petit.*)

228. ÉPIGRAMMES du sieur Colletet, avec un discours de l'Épigramme. *A Paris, chez Louis Chamhoudry*, 1653. In-12, v. brun, dos orn. fil. tr. dor (*Thivet.*)

229. LA MUSE COQUETTE, ou les Délices de l'honneste amour et de la belle galanterie, recueillie par le sieur Colletet. *A Paris, chez Jean-Baptiste Loyson*, 1665. 2 parties en un vol. in-12, v. brun, orn. fil. dent. int. tr. dor. (*Petit.*)

230. LES AMOURS de Tristan. *A Paris, chez Pierre Billaine et Aug. Courbé*, 1638. In-4, mar. rouge, fil. tr. dor. (*Rel. ancienne.*)

Édition originale. Très bel exemplaire de S. Turner.

231. VERS HÉROÏQUES du sieur Tristan. *A Paris*, 1648. In-4, frontisp. portr. et figures, mar. rouge, dos orn. dent. tr. dor.

232. ŒUVRES POÉTIQUES DU SIEUR DES MARETS. *Paris, chez Henry Le Gras*, 1641. In-4, front. grav. mar. bleu, jans. tr. dor. (*Veuve Brany.*)

233. CLOVIS, ou la France chrestienne, poème héroïque,

par J. Desmarets. *Paris*, 1657. In-4, portr. figures,
lettres ornées, v. br.

Édition originale.

234. POÉSIES DIVERSES dédiées à Mgr le duc de Richelieu
par M. de Scudéry, gouverneur de Nostre-Dame de
la Garde. *Paris, chez A. Courbé*, 1649. In-4, vélin.

Édition originale.

235. LE CABINET de M. de Scudéry, gouverneur de
Nostre-Dame de la Garde, première partie. *A Paris,
chez Augustin Courbé*, 1646. In-4, frontisp. grav. vél.

236. LES FEMMES ILLUSTRES, ou les Harangues héroïques
de M. de Scudéry, avec les véritables portraits de ces
héroïnes, tirez des médailles antiques. *Paris, Antoine de Sommaville*, 1644. In-4, portraits, vélin.

237. ALARIC, ou Rome vaincue, poëme héroïque, dédié
à la serenissime reyne de Suède par M. de Scudéry.
Paris, A. Courbé, 1654. In-folio, figures de Chauveau, gr. pap. mar. rouge, fil. compart. à la Du Seuil,
tr. dor. (*Rel. ancienne.*)

Édition originale, renfermant les remarquables portraits de
Scudéry et de Christine de Suède, gravés par Nanteuil.

238. ALARIC, ou Rome vaincue, poëme héroïque dédié
à la serenissime reyne de Suède, par M. de Scudéry.
*Suivant la copie de Paris. A la Haye, chez Jacob van
Ellinckhuysen*, 1685. In-12, front. portr. et figures
de Chauveau, parch. ant. tr. jasp.

239. Les Chevilles de M. Adam, menuisier de Nevers.
A Paris, chez Toussainct Quinet, 1644. In-4, portr.
mar. bleu, jans. dent. int. tr. dor. (*Brany.*)

240. LE VILLEBREQUIN de M. Adam (Billaut), menuisier de Nevers. *A Paris, chez Guillaume de Luynes.*
1663. In-12, v. fauv. fil. tr. dor.

241. LES POÉSIES DE GOMBAULD. *A Paris, chez Augustin
Courbé,* 1646. In-4, v. fauv. dos orn. fil. tr. dor.
Édition originale.

242. LE VIRGILE TRAVESTY, en vers burlesques,
par M. Scarron. *Paris, Toussainct Quinet,* 1648-
1653. 7 parties en 1 vol. in-4, frontisp. et fig. mar.
rouge, dos orn. fil. dent. int. tr. dor. (*Thibaron-Joly.*)
Édition originale des sept premiers livres. Elle est fort
rare. Très bel exemplaire.

243. LÉANDRE ET HÉRO, ode burlesque par M. Scarron.
A Paris, chez Antoine de Sommaville, 1656. Petit
in-4, frontisp. et portr. parch. ant.
Édition originale.

244. LES ŒUVRES DE MAYNARD. *A Paris,* 1646. In-4,
portr. mar. rouge, large dent. sur les plats, tr. dor.
(*Rel. anc.*)

245. LE JUGEMENT DE PARIS, en vers burlesques, de
M. Dassoucy. *A Paris, chez Toussainct Quinet,*
1648. In-4, frontisp. gr. vélin blanc, dos orn, fil. tr.
dor.
Édition originale, très rare.

246. L'OVIDE EN BELLE HUMEUR, de M. Dassoucy, enrichi de toutes ses figures burlesques. *A Paris,* 1653.
In-4, figures, parch.

247. POÉSIES DU SIEUR DE MALLEVILLE. *Paris, Augustin
Courbé,* 1649. In-4, mar. vert, dent. int. tr. dor.
(*Petit.*)

248. Ægidii Menagii Poemata, secunda editio. *Parisiis, apud Augustinum Courbé*, 1656. In-12, mar. vert, fil. tr. dor. (*Reliure ancienne*.)

249. LES ŒUVRES DE MONSIEUR DE VOITURE. *A Paris*, 1650. In-4, front. grav. mar. bleu, tr. dor. (*Allô*.)
Édition originale.

250. NOUVELLES ŒUVRES DE MONSIEUR DE VOITURE. *A Paris*, 1658. In-4, vélin.
Édition originale.

251. NOUVEAU RECUEIL de divers rondeaux (par Voiture Bois-Robert, Malleville, Habert (publié par l'abbé Cotin). *Paris, Augustin Courbé*, 1650. 2 parties en 1 vol. in-12, front. grav. mar. rouge, dos orn. fil. dent. int. tr. dor. (*Capé*.)

252. ŒUVRES GALANTES, en prose et en vers, de Monsieur Cotin. *A Paris, chez Estienne Loyson*, 1663. Pet. in-12, parch. à recouvr. tr. rouge (*Thivet*.)

253. LA PUCELLE, OU LA FRANCE DÉLIVRÉE, poëme héroïque, par M. Chapelain. *A Paris, chez Augustin Courbé*, 1656. Gr. in-folio, portr. et fig. mar. rouge, fil. parsemé de fleurs de lis, tr. dor. (*Anc. rel.*)
Édition originale. Très bel exemplaire en grand papier. Les portraits de Chapelain et du duc de Longueville sont gravés par Nanteuil; les figures qui accompagnent chaque livre sont de Vignon et gravées par Abraham Bosse.
De la bibliothèque de M. DOUBLE.

254. DIVERSES POÉSIES de Jean Regnaut de Segrais, gentilhomme normand. *A Paris*, 1658. In-4, mar. bleu, jans. dent. int. tr. dor. (*Chambolle-Duru*.)
Édition originale. TRÈS RARE.

255. Poésies de Monsieur de Segrais. *A Paris, chez Anthoine de Sommaville,* 1660. In-12, mar. rouge, dos orné, fil. dent. int. tr. dor.

Bel exemplaire en reliure ancienne.

256. Les Epistres en vers et autres œuvres poétiques de M. de Bois-Robert-Metel. *A Paris, chez Augustin Courbé,* 1659. In-8, parch. ant. tr. jasp.

257. Le Nouveau Parnasse des muses galantes, ou les Divertissements de la poésie françoise. *Paris, Estienne Loyson,* 1665. In-12, veau fauv. fil. tr. peign.

258. Les Œuvres de Bensserade. *A Paris, chez Ch. de Sercy,* 1697. 2 vol. in-12, front. grav. veau brun,

Édition originale. — Le tome premier contient un choix de Métamorphoses d'Ovide en rondeaux et des poésies diverses, le tome deuxième se compose en entier des vers des ballets représentés à la cour de 1651 à 1684 et où figuraient le roi, les seigneurs et les dames de la cour.

259. Poésies choisies de MM. Corneille, Bensserade, de Scudéry, Boisrobert, la Mesnardière, Sarrazin, Desmarets, Cottin, Petit, etc., etc. *Imprimé à Rouen, et se vend à Paris, chez Charles de Sercy,* 1660-66. 5 vol. in-12, front. gr. mar. rouge, tr. dor.

260. Amitiez, amours et amourettes, recueil contenant diverses pièces en prose et en vers, composées par M. Le Pays. *A Grenoble, et se vend à Paris, chez Charles de Sercy,* 1664. In-12, mar. rouge, dos orn. fil. tr. dor. (*Rel. anc.*)

261. Satires du sieur D***. *A Paris, chez Louis Billaine, Denys Thierry, Frédéric Léonard et*

Claude Barbin, 1669. In-12, front. grav. mar. rouge, dos orn. fil. tr. dor. (*Hardy-Mennil.*)

262. ŒUVRES DIVERSES du sieur D*** (Boileau-Despréaux), avec le Traité du Sublime et du Merveilleux dans le discours, traduit du grec de Longin. *A Paris, chez Louis Billaine*, 1674. In-4, front. et figures mar. rouge, jans. dent. int. tr. dor. (*Hardy.*)

Édition originale sous le titre d'Œuvres et dans laquelle parurent pour la première fois l'Art poétique et les quatre premiers chants du Lutrin.

263. ŒUVRES DIVERSES DU SIEUR D***, avec le Traité du Sublime ou du Merveilleux dans le discours, traduit du grec de Longin. *Paris,* 1683. In-12, front. et fig. mar. rouge, dos orn. fil. tr. dor. (*Du Seuil.*)

Dans cette édition paraissent pour la première fois quatre épistres nouvelles et les Ve et VIe chants du Lutrin.

264. ŒUVRES DIVERSES du sieur D***, avec le Traité du Sublime ou du Merveilleux dans le discours. *Paris,* 1694. 2 vol. in-12, front. et figures, mar. rouge, dos orn. fil. tr. dor. (*Rel. anc.*)

265. ŒUVRÉS DIVERSES du sieur Boileau-Despréaux. *A Paris, chez Denys Thierry,* 1701. 2 vol. in-12, front. et figures, mar. rouge, dos orn. fil. sur les plats, tr. dor. (*Rel. anc.*)

Édition favorite. Superbe exemplaire de la bibliothèque de M. L. Double.

266. LA DÉFENSE du poëme héroïque, avec quelques remarques sur les œuvres satyriques du sieur D*** (Boileau-Despréaux), dialogues en vers et en prose. *Paris,* 1674. In-4, vélin moderne.

267. NOUVELLES REMARQUES sur tous les ouvrages du sieur D*** (Boileau-Despréaux). *A la Haye*, 1685. In-12, v. brun.

268. LE TRIOMPHE DE PRADON. *Lyon*, 1684. Petit in-8, mar. rouge, fil. tr. dor. (*Duru.*)

Édition avec le curieux frontispice. Cet opuscule, qui est un examen critique du discours au roi et des trois premières satires de Boileau, a été entrepris par Pradon pour se venger des traits lancés par Despréaux. Le titre est une preuve de la modestie du prétendu rival de Racine.

Le frontispice allégorique représente Pradon sous la forme de Mercure, fustigeant un Satyre par ordre de la Justice.

269. POÉSIES DE MADAME DESHOULIÈRES. *A Paris*, 1688. 2 vol. pet. in-8, mar. bleu, jans. dent. int. tr. dor. (*Chambolle-Duru.*)

Édition originale.

270. POÈME DU QUINQUINA et autres ouvrages en vers, de M. de la Fontaine. *A Paris, chez Denys Thierry et Claude Barbin*, 1682. In-12, mar. citron, dos orn. tr. dor.

Édition originale.

271. LES ŒUVRES POSTUMES (*sic*) de M. de la Fontaine. *A Paris, chez Jean Pohier*, 1696. In-12, mar. la Vall. dos orn. fil. tr. dor. (*Hardy.*)

Édition originale.

272. OUVRAGES DE PROSE ET DE POÉSIE des sieurs de Maucroix et de la Fontaine. *A Paris, chez Claude Barbin*, 1685. 2 tomes en 1 vol in-12, vélin moderne.

273. ŒUVRES CHOISIES de M. de la Fontaine. *A Londres (Paris, Cazin)*, 1782. In-18, mar. rouge, dent. tr. dor. (*Rel. anc.*)

274. SATYRE CONTRE LES MARIS, par le sieur R*** T. D. F. (Regnard, trésorier de France). *A Paris*, 1694. In-4, demi-rel. mar. vert.

Édition originale, rare. Exemplaire à toutes marges.

275. LABYRINTHE de Versailles (par Perrault). *A Paris, de l'Imprimerie royale*, 1679. In-8, fig. mar. rouge, dos orn. tr. dor. (*Reliure ancienne.*)

276. SAINT PAULIN, évesque de Nôle, avec une épistre chrestienne sur la Pénitence et une ode aux nouveaux convertis, par M. Perrault, de l'Académie françoise. *A Paris*, 1686. In-8, parch.

277. LE SIÈCLE DE LOUIS LE GRAND, poëme, par M. Perrault, de l'Académie françoise. *A Paris*, 1687. In-4 de 28 pp. parch.

278. A L'ACADÉMIE FRANÇOISE, ode (par Ch. Perrault). *S. l. n. d.* (1690). In-4 de 12 pp. parch.

279. ODE AU ROY, par M. Ch. Perrault, de l'Académie françoise. *Paris*, 1693. In-4 de 16 pp. parch.

280. ADAM, ou la Création de l'homme, sa chute et sa repentance, poëme chrestien, par M. Perrault. *A Paris*, 1697. In-8, v. br.

281. ODE latine sur Marly, traduite en (vers) françois (par Perrault). *A Paris*, 1698. In-4 de 16 pp. parch.

282. SATYRES NOUVELLES. I° Contre les méchans auteurs. II° Contre les femmes sçavantes. III° Sur la véritable et fausse Noblesse (par Perrault). *A Paris*, 1697. In-4, parch.

Édition originale. Très rare.

283. SATYRES NOUVELLES. I° Sur les souhaits des hommes. II° Sur les caprices de la fortune, par le sieur P. (Perrault). *Paris*, 1700. In-4 de 20 pp. parch.

284. LE FAUX BEL AIR, satyre, avec le Roseau du nouveau monde ou la Canne à sucre, fable, par M. Perrault. *Paris*, 1702. In-4, parch.

285. ÉPIGRAMMES et autres pièces de M. de Senecé, premier valet de chambre de la feue reine, avec un traité sur la composition de l'épigramme. *A Paris, chez Pierre-François Giffart*, 1717. In-12, veau ant. tr. marbr.

Édition originale.

286. ŒUVRES DE ROUSSEAU (Jean-Baptiste). *Londres (Paris, Cazin)*, 1781. 2 vol. in-18, portrait mar. rouge, fil. tr. dor. (*Reliure ancienne*.)

287. L'HOMÈRE TRAVESTI, ou l'Iliade en vers burlesques (par M. de Marivaux). *Paris, Prault*, 1716. 2 vol. in-12, figures en taille-douce, vélin moderne.

Édition originale.

288. LA LIGUE, ou Henry le Grand, poëme épique, par M. de Voltaire. *A Genève (Rouen), chez Jean Mokpap*, 1723. In-8, portrait, mar. vert, fil. dos orn. tr. dor. (*Rel. anc.*)

Édition originale. — Très bel exemplaire, aux armes de Machault d'Arnouville.

289. LE POËME DE FONTENOY (par Voltaire). *A Paris, de l'Imprimerie royale*, 1745. In-4, vignette sur le titre, v. fauv. ant. fil. tr. dor. (*Aux armes de France*.)

Édition originale.

290. LA PUCELLE D'ORLÉANS, poëme en vingt et un chants (par Voltaire) avec des notes, auquel on a joint plusieurs pièces qui y ont rapport. *Londres (Paris, Cazin)*, 1780. 2 vol. in-18, frontisp. et 21 vignettes de Duplessis-Bertaux, mar. rouge, fil. tr. dor. (*Rel. anc.*)

Charmant exemplaire.

291. LA PUCELLE D'ORLÉANS, poëme en vingt et un chants, par Voltaire. Édition ornée de figures gravées par les meilleurs artistes. *Paris, Didot le jeune, an III* (1795). 2 vol. gr. in-4, papier vélin, portrait d'Agnès Sorel et 21 figures par Le Bárbier, Marillier, Monnet et Monsiau, demi-rel. mar.

ÉPREUVES AVANT LA LETTRE.

292. LA PUCELLE, poème en 21 chants, par Voltaire, avec préface, avertissements, notes, etc., par M. Beuchot. *Paris, Lefèvre*, 1832. 2 vol. in-8, dos et coins de mar. bleu, tête dor. n. rogn.

On a ajouté à cet exemplaire cinq suites de figures (116 pièces) par Moreau, Monsiau, Duplessis-Bertaux, Desenne, etc. Tirage moderne.

293. SUITES DE FIGURES pour la PUCELLE DE VOLTAIRE.

1° La suite de MOREAU de l'édition de Kehl, fig. AVANT LA LETTRE, avec les portraits de Jeanne d'Arc, Charles VII, Agnès Sorèlle (sic), du comte de Dunois et de Voltaire. 26 pièces.

2° La suite des figures attribuées à GRAVELOT (Genève, 1762). 20 pièces.

3° La suite des fig. de GRAVELOT. 21 pièces.

4° Une suite hollandaise non signée. 20 pièces.

5° Suite de 1 front. 21 fig. et 2 vignettes publiée à Londres en 1775 (suite libre). 24 pièces.

6° La suite pour l'édition publiée à *Conculix* (1765). 20 pièces.

7° La suite de Duplessis-Bertaux (pour l'édition Cazin). 22 pièces.

8° La suite de Duplessis-Bertaux (tirage de Leclerc) imprimée sur peau de vélin. 22 pièces.

9° La suite de Desenne, épreuves av. la lettre sur chine et sur blanc. 22 pièces.

Ensemble 197 pièces. Toutes ces planches sont remontées, in-folio.

294. LES PHILIPPIQUES, avec la parodie de la dernière scène de Mithridate et le Maquereau changé en rouget (par Jos. La Grange-Chancel). *A Rome, sur la fin de* 1752. In-12 de 40 pages, v. fauv. fil. dent. int. tr. dor. (*Trautz-Bauzonnet.*)

295. ŒUVRES DE VERGIER. *A Londres (Paris, Cazin)*, 1780. 3 vol. in-18, portrait, mar. rouge, fil. tr. dor. (*Rel. anc.*)

296. LA RELIGION, poëme, par Racine. *A Paris*, 1742. In-4, parch.

Édition originale.

297. LES POÉSIES DE M. G. (Gresset). *A Blois, chez Philibert-Joseph Masson*, 1734. In-12, frontisp. de Scotin, v. dos orn. fil. tr. dor. (*Thivet.*)

Édition originale.

298. LA CHARTREUSE, épître à M. D. D. N. par l'auteur de Vert-Vert, du 17 novembre 1734. *S. l.* 1735. In-12 de 32 pp. parch. tr. roug.

299. ŒUVRES DE GRESSET. *A Londres (Paris, Cazin)*, 2 vol. in-18, fig. mar. rouge, fil. tr. dor. (*Rel. anc.*)

300. ŒUVRES DE GRESSET. *Paris*, 1811. 2 vol. — Le

Parrain magnifique. *Paris*, 1810. Ens. 2 vol. in-8, portr. et figures de Moreau le Jeune, demi-rel. v. fauv. n. rog.

3o1. Œuvres choisies d'Alexis Piron. *A Londres (Paris, Cazin)*, 1782. 3 vol. in-18, portr. mar. rouge, fil. tr. dor. (*Rel. anc.*)

3o2. Les Deux Tonneaux, poëme allégorique (par M. Alexis Piron). *A Paris, chez Coustelier, 1744.* In-12, fig. de Boucher grav. par Duflos, br. n. rogn.

3o3. ŒUVRES COMPLETTES DE GRÉCOURT. *Luxembourg (Paris)*, 1764. 4 vol. petit in-12, 3 frontispices et 4 fleurons d'après Eisen, et 1 frontisp. par Fossier, mar. rouge, fil. tr. dor.

Très bel exemplaire, relié par Derome. De la bibliothèque S. Turner.

3o4. Œuvres choisies de Grécourt. *A Genève (Paris, Cazin)*, 1777. 3 vol. in-18, frontisp. gr. mar. rouge, fil. tr. dor. (*Rel. anc.*)

3o5. LE BIJOU DE SOCIÉTÉ, ou l'Amusement des Grâces. *A Paphos, l'an des plaisirs.* 2 vol. in-16, texte grav. et 101 figures qui paraissent être de Desrais ou de Leclerc, mar. rouge, dos orn. fil. tr. dor. (*Rel. anc.*)

3o6. Le Fond du sac, ou restant des bâbioles de M. X***, membre éveillé de l'Académie des dormans (par Nogaret). *A Venise, chez Pantalon Phœbus (Paris, Cazin)*, 1780. 2 vol. in-18, frontisp. et vignettes, mar. rouge, fil. tr. dor. (*Rel. anc.*)

3o7. Œuvres de Chaulieu, d'après les manuscrits de

l'auteur. *A la Haye* (*Paris, Cazin*), 1777. 2 vol.
in-18, portrait, mar. vert, fil. tr. dor. (*Reliure ancienne.*)

3o8. Poésies de M. le marquis de la Farre. *A Londres*
(*Paris, Cazin*), 1781. In-18, figure, mar. rouge, fil.
tr. dor. (*Reliure anc.*)

3o9. Poésies sacrées de M. L* F**** (J.-J. Le Franc de
de Pompignan), divisées en quatre livres et ornées
de figures en taille-douce. *Paris, Chaubert,* 1751.
In-8, parch. fil. tr. roug.

3io. LES BAISERS, précédés du Mois de Mai,
poëme. *A la Haye, et se trouve à Paris, chez Lambert, imprimeur, rue de la Harpe, et Delalain, rue de
la Comédie-Françoise,* 1770. Gr. in-8, une figure,
vignettes et culs-de-lampe d'Eisen et Marillier. — Les
Sens, poëme en six chants (par du Rosoi). *Londres*
(*Paris*), 1766. Gr. in-8, 7 figures par Eisen et Wille,
6 vignettes et 2 culs-de-lampe par les mêmes, mar.
rouge, dos orn. fil. et dent. sur les plats, tr. dor.
(*Derome.*)

SUPERBE EXEMPLAIRE EN GRAND PAPIER DE HOLLANDE, tant
pour la conservation que pour la beauté des épreuves.

3i1. Poésies de Dorat. *A Genève* (*Paris, Cazin*),
1777. 4 vol. in-18, portr. mar. rouge, fil. tr. dor.
(*Rel. anc.*)

3i2. OLLIVIER, poëme, par M. Cazotte. *A Paris, de
l'imprimerie de Didot l'aîné,* 1780. 2 vol. in-16,
mar. vert, fil. dos et coins fleurdelisés, tr. dor. (*Rel.
anc.*)

De la collection du comte d'Artois. Exemplaire sur papier
vélin.

313. RICHARDET, poëme (par Mancini Nivernois). *Londres* (*Paris, Cazin*), 1781. 2 vol. in-18, frontisp. grav. mar. rouge, fil. tr. dor. (*Rel. anc.*)

314. ŒUVRES COMPLÈTES de M. Bernàrd. *S. l. n. d.* (*Paris, Cazin*). In-18, front. grav. mar. vert, fil. tr. dor. (*Rel. anc.*)

315. IDYLLES, par M. Berquin. *A Paris, chez Ruault*, 1775. 2 vol. in-12, frontisp. et 24 figures par Marillier, v. écaille, fil. tr. dor.

> Exemplaire sur papier de Hollande. Les figures du tome second sont avant les numéros.

316. IDYLLES et poëmes champêtres, par M. Léonard. *A Gnide, s. d.* (*Paris, Cazin*). In-18, front. gr. mar. rouge, fil. tr. dor. (*Reliure aucienne.*)

317. ŒUVRES COMPLÈTES de M. le comte de B*** (cardinal de Bernis) de l'Académie françoise. *A Londres* (*Paris, Cazin*), 1777. 2 vol. in-18, portr. mar. rouge, fil. tr. dor. (*Reliure ancienne.*)

319. LES SAISONS, poëme (par M. de Saint-Lambert). *Amsterdam*, 1769. In-8, figures de Gravelot et Le Prince, fleuron sur le titre, v. écaille, tr. rouge.

320. LES SAISONS, poëme (par M. de Saint-Lambert). *Amsterdam* (*Paris, Cazin*), 1787. In-18, front. grav. mar. rouge, fil. tr. dor. (*Rel. anc.*)

321. LES SAISONS, poëme traduit de l'anglois de Thompson. *S. l. n. d.* (*Paris, Cazin*, 1779). In-18, front. et figures d'Eisen gravés par Baquoy, mar. rouge, dos orn. fil. tr. dor. (*Rel. anc.*)

322. RECUEIL DE POÉSIES FUGITIVES et contes nouveaux

(par de Piis). *Londres* (*Paris, Cazin*), 1784. In-18, mar. rouge, fil. tr. dor. (*Rel. anc.*)

323. Poésies lyriques de Marie-Joseph Chénier. *A Paris, de l'imprimerie de Didot l'aîné, l'an V.* In-18, papier vélin, v. fauv. comp. dent. tr. dor. (*Rel. du temps.*)

Exemplaire avec envoi d'auteur.

b. *Fables et contes.*

324. ESBATEMENT MORAL DES ANIMAUX. *A Anvers, chez Philippe Galle*, 1578. In-4, front. et fort curieuses figures, mar. rouge, tr. dor. (*Duru.*)

325. FABLES CHOISIES MISES EN VERS, par M. de la Fontaine. *A Paris, chez Claude Barbin,* 1668. In-4, figures de Chauveau, mar. rouge, dos orn. fil. sur les plats, doublé de mar. bleu, larg. dent. tr. dor. (*Trautz-Bauzonnet.*)

Édition originale. Très bel exemplaire.

326. Fables choisies mises en vers, par M. de la Fontaine. *A Paris, par Claude Barbin,* 1668. 2 vol. in-12, fig. à mi-pages, mar. la Vall. dos orn. larg. dent. sur les plats, dent. int. tr. dor. (*Hardy.*)

Édition originale in-12. Rare avec les deux volumes à la date de 1668. Bel exemplaire.

327. Fables nouvelles et autres poésies de M. de la Fontaine. *A Paris, chez Denys Thierry,* 1671. In-12, fig. à mi-pages, mar. la Vall. dos orn. fil. tr. dor. (*Hardy.*)

Bel exemplaire. Dans cette édition paraissent pour la première fois huit fables, l'élégie sur Fouquet et autres pièces inédites.

6

328. # FABLES
CHOISIES,
MISES EN VERS
Par M. DE LA FONTAINE,
& par luy reveuës, corrigées
& augmentées.

TOME PREMIER.

A PARIS,
Chez DENYS THIERRY, ruë S. Iacques,
ET
CLAUDE BARBIN, au Palais.

M. DC. LXXVIII.
AVEC PRIVILEGE DV ROY.

Pour les tomes 1, 2 et 3, 1679 pour la quatrième par-

tie, et 1694 pour la cinquième. 5 vol. in-12, fig. à
mi-pages de Chauveau et autres, veau granit, dos
orné, tr. marbrée. (*Rel. anc. bien conservée.*)

PREMIÈRE ÉDITION COMPLÈTE publiée par la Fontaine. Les
cinq volumes sont de bonne date et chacun de la première
édition, ce qui est rare, surtout pour les tomes I et V; de plus
notre exemplaire offre les particularités suivantes :

Tome I. Le carton et le texte primitif pour les pages 85-86.

Tome II. Les cartons et le texte pour les pages 9-10 et 47-
48 (jusqu'à présent ces cartons n'avaient point été signalés).

Tome III. Le carton et le texte pour les pages 101-102.

Tome IV. Le carton et le texte pour les pages 19-20 et
115-116.

329. FABLES CHOISIES MISES EN VERS, par J. de la Fontaine (publiées avec la vie de l'auteur, par M. de Mon-
thenault). *Paris, Desaint et Saillant,* 1755. 4 tomes
en 2 vol. in-fol. figures d'Oudry, mar. rouge, fil. tr.
dor. (*Rel. anc.*)

330. FABLES CHOISIES MISES EN VERS, par M. J. de la
Fontaine, nouvelle édition gravée en taille-douce, les
figures par le sieur Fessard, le texte par le sieur Mon-
tulay. *Paris,* 1765. 6 vol. in-8, les tomes I à V en
veau écail. fil. tr. dor. le tome VI en mar. anc.

Belles épreuves des figures.

331. FABLES NOUVELLES (par Dorat). *A la
Haye, et se trouve à Paris,* 1773. 2 vol. gr. in-8,
frontisp. vignettes et culs-de-lampe, mar. rouge, dos
orn. fil. tr. dor. (*Derome.*)

Superbe exemplaire en grand papier de Hollande avec les
figures de Marillier en magnifiques épreuves.

332.

CONTES
ET
NOVVELLES
EN VERS.
De *M.* DE LA FONTAINE.

A PARIS,
Chez CLAVDE BARBIN, au
Palais , fur le fecond Perron
de la Sainte Chappelle.

M. DC. LXVII.
AVEC PRIVILEGE DV ROY.

In-12 de 11 pp. 92 pp. et 1 f. pour le privilège. —
DEUXIÈME PARTIE DES CONTES ET NOU-
VELLES EN VERS, de M. de la Fontaine. *A Pa-
ris, chez Claude Barbin,* 1667. In-12 de 11 pp. pré-

lim. 160 pp. et 3 pp. pour le privilège ; en 1 vol.
in-12, mar. rouge, dos orn. fil. doublé de mar. bleu,
dent. à la Chamillard, tr. dor. (*Thibaron-Joly.*)

ÉDITION FORT RARE. C'est la première des deux parties réunies qui avaient paru séparément en 1665 et 1666.

333. CONTES ET NOUVELLES EN VERS de M. de
la Fontaine. *Paris, Claude Barbin,* 1669. In-12,
mar. rouge, dos orn. fil. tr. dor. (*Chambolle-Duru.*)

TROISIÈME ÉDITION ORIGINALE. — Celui-ci est un des rares
exemplaires où le conte de la *Servante justifiée*, page 119,
est terminé par deux vers obscènes imprimés en italiques et
qui ne sont pas de la Fontaine.

334. CONTES ET NOUVELLES EN VERS de M. de la Fontaine. *A Amsterdam, H. Desbordes,* 1685. 2 tomes
en 1 vol. petit in-8 réglé, frontisp. et figures de
Romain de Hooge. mar. bleu, dos orn. fil. tr. dor.
(*Padeloup.*)

MAGNIFIQUE EXEMPLAIRE DE PREMIER tirage.

335. CONTES ET NOUVELLES EN VERS, par M. de la
Fontaine. *Amsterdam (Paris),* 1762. 2 vol. in-8,
mar. rouge, dos orn. fil. tr. dor. (*Derome.*)

Édition dite des fermiers généraux. — Belles épreuves des
figures. Celles du *Cas de conscience* et le *Diable de Papefiguières* sont découvertes.

336. CONTES ET NOUVELLES EN VERS, par
Jean de la Fontaine. *A Paris, de l'imprimerie de
P. Didot l'aîné,* 1795, 2 vol. in-4, figures, vélin
blanc, non rognés.

Superbe exemplaire contenant:
1° La suite des vingt gravures de Fragonard, Mallet et
Touzé. ÉPREUVES AVANT LA LETTRE.
2° Cinq figures pour la Gageure, la Fiancée, la Clochette,

le Juge de Mesle. épreuves sur papier de Hollande avant la
lettre.

3° La suite des 57 estampes de Fragonard publiée par
M. Rouquette. Épreuves avant toutes lettres.

4° Le portrait de Fragonard (*deux états*) publié par
M. Lefilleul. Épreuves avant la lettre.

5° Seize copies des DESSINS DE FRAGONARD, appartenant jadis
à M. Feuillet de Conches. (Ces dessins sont d'une exécution
parfaite.)

337. RECUEIL DES MEILLEURS CONTES EN VERS (de la
Fontaine, Voltaire, Grécourt, Vergier, Moncrif, etc.,
etc.) *Londres* (*Paris, Cazin*), 1778. 4 vol. pet. in-12,
portr. et figures de Duplessis-Bertaux, mar. vert,
dos orn. fil. tr. dor. (*Rel. anc.*)

Belles épreuves des figures. Charmant exemplaire.

c. *Chansons.*

338. CHOIX DE CHANSONS, mises en musique
par M. de la Borde, orné d'estampes par J.-M. Moreau. *Paris*, 1773. 4 vol. gr. in-8, titres grav. 4 front.
et 100 figures par Moreau, Le Bouteux et Le Barbier, gravés par Moreau, Masquelier, Née, etc., mar.
vert, fil. tr. dor. (*Derome.*)

Très bel exemplaire avec le portrait de La Borde gravé par
Masquelier d'après Denon. — De la bibliothèque de M. Odiot.
Hauteur, 250 millimètres.

339. ROMANCES, par M. Berquin. *A Paris, chez Ruault*,
1776. In-12, front. gr. et figures de Marillier, v.
écaille, fil. tr. dor.

Exemplaire sur papier de Hollande. Les épreuves des
figures sont AVANT LES NUMÉROS.

340. CHANTS ET CHANSONS POPULAIRES
DE LA FRANCE. *Paris, Delloye,* 1843. 3 vol. —
Chansons populaires des provinces de France. *Paris,
Librairie nouvelle,* 1860. 1 vol. — Ensemble 4 vol.
gr. in-8, illustrations de E. de Beaumont, Daubi-
gny, Meissonier, etc., dos et coins de mar. vert, tête
dor. non rog.

TRÈS BEL EXEMPLAIRE de premier tirage.

3. POÈTES ÉTRANGERS

341. ARIOSTE, Roland furieux. Suite complète d'un
portrait de l'Arioste, dessiné par Eisen, et gravé par
Ficquet, et de 46 figures par Cipriani, Cochin, Eisen,
Greuze, Monnet et Moreau. Superbes épreuves avec
marges.

342. JÉRUSALEM DÉLIVRÉE, poème du Tasse. Nouvelle
traduction (de Le Brun). *Paris, Musier,* 1774. 2 vol.
gr. in-8, front. portr. figures et culs-de-lampe de
Gravelot, mar. rouge, dos orn. fil. tr. dor. (*Rel.
anc.*)

Superbe exemplaire en grand papier de Hollande.

343. LA LUSIADE de Louis Camoens, poëme héroïque
en dix chants, nouvellement traduit du portugais
avec des notes et la vie de l'auteur (par Duperron de
Castera), enrichi de figures à chaque chant. *Paris,
Nyon,* 1776. 2 vol. in-8, 10 figures n. s. veau
écaille, tr. marbr.

344. Le Seau enlevé, poëme héroï-satiro-comique,
nouvellement traduit de l'italien du Tassoni (par
de Cédors). A Paris, 1759. 3 vol. in-12, mar. rouge,
fil. tr. dor. (Rel. anc.)

4. POÈTES DRAMATIQUES.

1. POÈTES DRAMATIQUES GRECS.

345. Æschyli Tragœdiæ sex. *Venetiis, in ædibus Aldi
et Andreæ soceri*, M.D.XVIII. In-8, mar. olive, tr.
dor. ancre sur les plats. (*Capé.*)

  Première édition fort rare. Bel exemplaire de M. Ch. Giraud.

346. Sophoclis Tragœdiæ septem cum commentario
(græce). *Venetiis, in Aldi Romani academia*, M.D.II.
In-8, mar. vert, tr. dor. (*Thompson.*)

  Première édition, fort rare. C'est le premier livre avec la
souscription au nom de l'Académie aldine.

2. POÈTES DRAMATIQUES FRANÇAIS.

A. Ancien théâtre depuis les mystères jusqu'à Rotrou.

347. SENSUIT LE MISTÈRE DE LA PASSION
de Nostre-Seigneur Jésus-Christ, nouvellement reveu
et corrigé oultre les précédentes impressions..... avec
les additions faictes, par maistre Jehan Michel, lequel
mistère fut joué à Angiers moult triumphalement et
dernièrement à Paris. *Nouvellement imprimé à Paris, par Alain Lotrian, et fut achevé d'imprimer le
20ᵐᵉ jour d'aoust 1539.* In-4, goth. fig. sur bois,

mar. rouge, doublé de mar. rouge, dent. fil. dos orn.
tr. dor, (*Thompson.*)

Bel exemplaire provenant des ventes G. Duplessis et O. de
Béhague.

Ce Mystère, composé vers le commencement du xvᵉ siècle,
est un des principaux ouvrages français de ce genre, et aussi
un des meilleurs et des plus curieux que l'on connaisse. Jean
Michel, qui mourut le 22 août 1493, n'en est point l'auteur,
mais il l'a retouché... (*Brunet, Man. du Libraire.*)

348. MYSTÈRE DES ACTES DES APOTRES,
translaté fidelement à la verité historiale, escripte par
saint Jac à Theophile et illustré des legendes auten-
ticques et vies de sainctz reuçes par leglise, tout ordon-
né par personnages. (A la fin :) *Cy fine le neuviesme
et dernier liure des Actes des Apostres, nouuellement
imprimez à Paris pour Guillaume Alabat, bourgeoys
et marchant de la ville de Bourges, par Nicolas
Couteau, imprimeur demourant à Paris, et furent
acheuez le xvᵉ iour de Mars l'an de grace mil cinq
cens xxxvii avant pasques.* In-fol. car. goth. texte à
2 col. lettres ornées, v. fauv. ant. dos orn. (*Exemplaire réglé.*)

Première édition.

Cet exemplaire contient à la fin le feuillet qui se trouvait
aussi à celui de M. Soleinne (voir Brunet). Les marges des
deux premiers feuillets et du dernier sont raccommodées.

349. # LE BRAVE,

COMEDIE DE IAN
ANTOINE DE BAIF,

IOVEE DEVANT LE
ROY EN L'HOSTEL DE GVI-
SÉ A PARIS LE XXVIII.
DE IANVIER
M. D. LXVII.

A PARIS,
Par Robert Eſtienne Imprimeur du Roy.
M. D. LXVII.
AVEC PRIVILEGE.

In-8, v. écaille, fil. tr. dor. (*Rel. anc.*)

Édition originale. Bel exemplaire aux armes du DUC D'AUMONT.

35o. LES ŒUVRES ET MESLANGES POÉTI-
QUES D'ESTIENNE JODELLE, sieur du Ly-
modin. *A Paris,* 1574. In-4, mar. vert, jans. dent.
int. tr. dor. (*Duru.*)

Édition originale.

351. LES ŒUVRES ET MESLANGES POÉTIQUES D'ESTIENNE
JODELLE, sieur du Lymodin. *A Paris,* 1583. Petit in-
12, mar. vert, jans. tr. dor.

352. PORCIE. tragédie françoise représentant la cruelle
et sanglante saison des guerres civiles de Rome,
propre et convenable pour y voir dépeincte la cala-
mité de ce temps, par Rob. Garnier, Fertenois. *A Paris,* 1568. In-8, vélin moderne.

Édition originale.

353. HIPPOLYTE, tragédie de Robert Garnier. *A Paris,*
1573. In-8, vélin moderne.

Édition originale.

354. CORNÉLIE, tragédie de Rob. Garnier. *A Paris,*
1574. In-8, vélin moderne.

Édition originale.

355. M. ANTOINE, tragédie, par Rob. Garnier. *A Paris,* 1578. In-8, portr. vélin moderne.

Édition originale.

356. LA TROADE, tragédie de Rob. Garnier. *A Paris,*
1579. In-8, vélin mod.

Édition originale.

357. ANTIGONE, ou la Piété, tragédie de Rob. Garnier.
Paris, 1580. Petit in-12, vélin moderne.

Édition originale.

358. LES TRAGÉDIES DE ROB. GARNIER. *A Paris,* 1582. In-12, mar. bleu, dos orn. fil. tr. dor. (*Thibaron.*)

359. JEPHTÉ, tragédie traduite du latin de George Buchanan, Escossois, par Fl. Chr. (Florent Chrestien). *Paris,* 1573. In-8, vélin.

Édition originale.

360. LES SIX PREMIÈRES COMÉDIES FACÉCIEUSES de Pierre de Larivey, Champenois. *Paris, l'Angelier,* 1579. 2 vol. — Trois comédies des six dernières de P. de Larivey, à sçavoir : la Constance, le Fidelle et les Tromperies. *A Troyes. par P. Chevillot,* 1611, 2 vol. Ensemble 4 vol. in-12, mar. rouge à fil. tr. dor. (*Anc. rel.*)

Exemplaire de Crozat, de Sainte-Beuve, et en dernier lieu de la vente Sauvage.
Le premier volume a quelques taches, et le titre, ainsi que les feuillets 229, 326 jusqu'à la fin du volume, sont refaits à la plume.
La deuxième partie de cet ouvrage (les *Trois Comédies*) est en bon état et très rare ; il n'en existe qu'une seule édition ; elle manque à beaucoup d'exemplaires.

361. ABRAHAM SACRIFIANT, tragédie françoise, par Th. de Bèze. *A Anvers, par Nicolas Soolmans, au Lyon d'Or,* 1580. Pet. in-8, mar. bleu, large dent. sur les plats, tr. dor. (*Reliure ancienne.*)

Exemplaire R. Turner.

362. VASTHI, tragédie de Pierre Matthieu. *Lyon, par Benoist Rigaud,* 1589. In-12, portr. de P. Matthieu, mar. bleu, fil. tr. dor. (*Trautz-Bauzonnet.*)

On trouve à la suite et reliées dans le même volume deux autres tragédies du même auteur: *Aman, seconde tragédie,*

. *Lyon, B. Rigaud,* 1589. *Clytemnestre, tragédie à très généreux prince Henry de Savoie marquis de S. Sorlin, Lyon, B. Rigaud,* 1589. Pièces très rares.

Les deux premiers feuillets de la première pièce ont été remargés dans le bas.

B. Depuis Rotrou jusqu'à Corneille.

363. THÉATRE DE JEAN ROTROU, 25 PIÈCES IN-4, IN-8 et IN-12.

1° La Celimène, comédie de Rotrou. *A Paris,* 1636, in-4°, parch. (*Édltion originale.*)

2° Hercule mourant, tragédie de Rotrou. *A Paris,* 1636, in-4° parch. (*Édition originale.*)

3° L'Heureuse Constance, tragi-comédie de Rotrou. *A Paris,* 1636, in-4° vélin. (*Édition originale.*)

4° Les Occasions perdues, tragi-comédie de Rotrou. *A Paris,* 1636, in-4° vélin (*Édition originale.*)

5° Clorinde, comédie de Rotrou. *A Paris,* 1637, in-4° vélin, (*Édition originale.*)

6° L'Heureux Naufrage, tragi-comédie de Rotrou. *A Paris,* 1637, in-4° parch. (*Édition originale.*)

7° L'Innocente Infidélité, tragi-comédie de Rotrou. *A Paris,* 1637, in-4° parch. (*Édition originale.*)

8° Les Menechmes, comédie de M. de Rotrou. *A Paris, chez Toussainct Quinet,* 1661, in-12, mar. noir, jans. dent. int. tr. dor. (*Thivet.*)

9° Les Sosies, comédie. *A Paris, chez Thomas Jolly,* 1668, in-12, mar. noir, jans. dent. int. tr. dor. (*Thivet.*)

10° Amélie, tragi-comédie de Rotrou, *à Paris,* 1638, in-4° parch. (*Édition originale.*)

11° La Pèlerine amoureuse, tragi-comédie de Rotrou. *A Paris,* 1638, in-4° parch. (*Édition originale.*)

12° Antigone, tragédie de M. de Rotrou. *A Paris,* 1639, in-4°, front. gr. parch. (*Édition originale.*)

13° Antigone, tragédie de M. de Rotrou, *Paris, chez Antoine de Semmaville,* 1639, in-12, mar. noir, tr. dor. (*Thivet.*)

14° La Belle Alphrède, comédie de Rotrou. *A Paris,* 1639, in-4°, parch. (*Édition originale.*)

15° Crisante, tragédie de M. de Rotrou. *A Paris*, 1640, in-4° vélin. (*Édition originale.*)

16° Les Captifs ou les Esclaves, comédie de M. de Rotrou. *A Paris, chez Antoine de Sommaville*, 1641, in-12, mar. noir. jans. dent. int., tr. dor. (*Thivet.*)

17° Iphigénie, tragédie de M. de Rotrou. *A Paris*, 1641, in-4° vélin (*Édition originale.*)

18° L'Avare persécutée, tragi-comédie de M. de Rotrou. *A Paris, chez Toussainct Quinet*, 1646, in-12, mar. noir, jans. dent. int., tr. dor. (*Thivet.*)

19° Célie ou le vice-roy de Naples, tragi-comédie par M. de Rotrou. *A Paris*, 1646, in-4° vélin. (*Édition originale.*)

20° Venceslas, tragi-comédie de M. de Rotrou. *A Paris, chez Antoine de Sommaville*, 1648, 110 pp. — La Sœur, comédie de M. de Rotrou. *A Paris, chez Augustin Courbé*, 1647, 130 pp. en 1 vol. in-4° vélin, fil. tr. dor. (*Éditions originales.*)

21° Dom Bernard de Cabrère, tragi-comédie de Rotrou. *A Paris*, 1648, in-4°, parch. (*Édition originale.*)

22° Le Véritable Saint-Genest, tragédie de Rotrou. *A Paris*, 1648, in-4°, parch. (*Édition originale.*)

23° La Celimène, comédie de Rotrou, accommodée au théâtre sous le titre d'Amarillis, pastorale. *A Paris, chez Guillaume de Luyne*, 1653, in-12, mar. noir, jant. dent. int. tr. dor. (*Thivet.*)

24° Les Deux Pucelles, tragi-comédie de Rotrou, *A Lyon, chez Claude La Rivière*, 1653, in-8° parch.

25° La Florimonde, comédie, dernier ouvrage de M. de Rotrou. *A Paris*, 1655, in-4° parch. (*Édition originale.*)

364. L'AMANT LIBÉRAL, tragi-comédie (par de Scudéry). *Paris*. 1638. Petit in-12, front. grav. vélin blanc.

Édition originale.

365. L'AMOUR TIRANNIQUE, tragi-comédie, par M. de Scudéry. *A Paris, chez Augustin Courbé*, 1639 Petit in-12, front. gr. vélin à recouvr. tr. rouge

Édition originale.

366. Eudoxe, tragi-comédie en cinq actes, par M. de
Scudéry. *Paris*, 1641. Pet. in-12, vélin.

Édition originale.

367. Le Trompeur puny, ou Histoire septentrionale,
tragi-comédie, par M. de Scudéry. *A Paris, chez
Pierre Billaine,* 1633. In-8, vélin, ébarbé.

Édition originale.

368. Palène, tragi-comédie de M. de Bois-Robert,
abbé de Chastillon, dédié à Mr de Cinq-Mars par le
sieur de Bonair. *A Paris*, 1640. In-4, cart.

Édition originale.

369. La Belle Lisimène, tragi-comédie de M. de
Bois-Robert, abbé de Chastillon. *A Paris,* 1642
In-4, cart.

Édition originale.

370. Le Couronnement de Darie, tragi-comédie (par
Bois-Robert). *A Paris,* 1642. In-4, cart.

Édition originale.

371. La Vraye Didon, ou la Didon chaste, tragédie
(par Bois-Robert). *A Paris,* 1643. In-4, cart.

Édition originale.

372. Cyminde, ou les Deux Victimes, tragi-comédie,
par M. Colletet. *A Paris,* 1642. In-4, cart.

Édition originale.

373. La Mort d'Achille et la Dispute de ses armes,
tragédie (par Bensserade). *A Paris*, 1636. In-4,
parch.

Édition originale.

374. La Mort de Brute et de Porcie, ou la Vengeance de la mort de César, tragédie (par Guérin de Bouscal.) *A Paris, chez Toussainct Quinet*, 1637. In-4, cart.

Édition originale.

375. Le Fils désavoué, ou le Jugement de Théodoric, roy d'Italie, tragi-comédie de M. Guérin. *A Paris, chez Antoine de Sommaville*. 1642. Petit in-12, vélin, tr. rouge.

Édition originale.

376. Europe, comédie héroïque (par Desmarest de S.-Sorlin). *A Paris, chez Charles de Sercy*, 1651. Pet. in-12, mar. rouge, jans. dent. int. tr. dor. (*Masson-Debonnelle*.)

377. Panthée, tragédie de M. de Tristan. *A Paris, chez Augustin Courbé*, 1639. Petit in-12, frontisp. grav. parch. à recouvr. tr. rouge.

Édition originale.

378. Thomas Morus, ou le Triomphe de la foy et de la constance, tragédie en prose, dédiée à madame la duchesse d'Esguillon, par M. de la Serre. *A Paris*, 1642. In-4, frontisp. et portr. vélin blanc, dos orn. fil. tr. dor.

Édition originale.

379. Le Pedant joué, comédie par M. de Cyrano Bergerac. *A Paris, chez Ch. de Sercy*, 1654. In-8, parch.

Édition originale. Très rare.

380.

OEVVRES

DE

CORNEILLE.

Premiere partie.

Imprimé à Roüen, & se vend
A PARIS,

Chez
- ANTOINE DE SOMMA-
  VILLE, en la Gallerie
  des Merciers, à l'Efcu
  de France.
- ET
- AVGVSTIN COVRBE',
  en la mefme Gallerie,
  à la Palme.

Au
Palais

M. DC. XLIV.

In-12 de 4 ff. 654 pag. 1 f. blanc, frontisp. et portrait,
maroquin rouge, riche dorure genre Du Seuil, à
compart. remplis de petits fers, doublé de maroq.
bleu, large dent. tr. dor. (*Thibaron-Joly*.)

ÉDITION ORIGINALE. Superbe exemplaire, le plus
grand connu; haut. 136 milimètres.

7

381. Le Théâtre de P. Corneille, reveu et corrigé par l'autheur. *A Paris, chez Guillaume de Luyne*, 1682. 4 vol. in-12, frontisp. gravé pour chaque volume, veau marbr.

> Dernière édition donnée par Corneille et qui donne le texte définitif adopté par lui. Rare avec les frontispices gravés.

382. Théâtre de Pierre Corneille, avec des commentaires, etc. *S. l.* 1764. 12 vol. in-8, veau écaille, fil. tr. dor. figures de Gravelot. (*Rel. anc.*)

> Belles épreuves des figures.

383. Œuvres diverses de Pierre Corneille (publiées par l'abbé François Granet). *A Paris, chez Gissey et Bordeley*, 1738. In-12, veau, fil. tr. dor.

> Édition originale. Bibl. Cornélienne, n° 174.

384. MÉDÉE, tragédie. *A Paris, chez François Targa*, 1639. In-4, mar. rouge, jans. tr. dor. (*Thibaron-Joly.*)

> Édition originale. Très bel exemplaire.

385. Le Cid, tragi-comédie. *A Paris, chez Augustin Courbé et Pierre Le Petit, s. d.* (1642). In-12, front. grav. mar. bleu, jans. tr. dor. (*Cuzin.*)

> Édition rare. Bibliographie cornélienne n° 12.

386. Horace, tragédie. *A Paris, chez Augustin Courbé*, 1641. In-12, front. grav. mar. bleu, jans. tr. dor. (*Cuzin.*)

> Édition originale in-12.

CINNA
O V
LA CLEMENCE
D'AVGVSTE
TRAGEDIE.

Horat. ———— *cui leƈta potenter erit res*
Nec facundia deſeret hunc, nec lucidus ordo.

Imprimé à Roüen aux deſpens de l'Autheur, & ſe vendent.

A PARIS,
Chez TOVSSAINCT QVINET, au Palais, ſoubs
la montée de la Cour des Aydes.

M. DC. XLIII.
AVEC PRIVILEGE DV ROY.

In-4, front. gravé, maroq. rouge. jans. tr. dor.
(*Duru.*)

Édition originale. Bel exemplaire.

388. Cinna, ou la Clémence d'Auguste. Tragédie. *A
Paris, chez Toussainct Quinet,* 1643. In-12, frontisp. grav. mar. bleu, jans. tr. dor. (*Cuzin.*)

Édition originale in-12.

389. Polyeucte martyr, tragédie. *Imprimé à Rouen,
et se vend à Paris, chez Antoine de Sommaville et
Augustin Courbé,* 1644. In-12, mar. bleu, jans. tr.
dor. (*Cuzin.*)

Édition originale in-12.

390. La Mort de Pompée, tragédie. *A Paris, chez
Antoine de Sommaville et Augustin Courbé,* 1644..
In-12, mar. bleu. jans. tr. dor. (*Cuzin.*)

Édition originale n-12.

391. Le Menteur, comédie. *Imprimé à Rouen, et se
vend à Paris, chez Antoine de Sommaville et Augustin
Courbé,* 1644. In-12, mar. bleu, jans. tr. dor. (*Cuzin.*)

Édition originale in-12,

392. La Suite du Menteur, comédie. *Imprimé à Rouen,
et se vend à Paris, chez Antoine de Sommaville et
Augustin Courbé,* 1645. In-12, mar. bleu, jans tr.
dor. (*Cuzin.*)

Édition originale in-12.

393. Théodore Vierge et Martyre, tragédie chrestienne. *Imprimé à Rouen, et se vend à Paris, chez
Toussainct Quinet,* 1646. In-12, mar. bleu, jans. tr.
dor. (*Cuzin.*)

Édition originale in-12.

394. HERACLIUS, empereur d'Orient, tragédie. *Imprimé à Rouen, et se vend à Paris, chez Antoine de Sommaville*, 1647. In-4, mar. rouge, jans. tr. dor. (*Duru*.)

Édition originale.

395. HERACLIUS, empereur d'Orient, tragédie. *Imprimé à Rouen, et se vend à Paris, chez Toussainct Quinet*, 1647. In-12, mar. bleu, jans. tr. dor. (*Cuzin*.)

Édition originale in-12.

396. RODOGUNE, princesse des Parthes. Tragédie. *Imprimé à Rouen, et se vend à Paris, chez Toussainct Quinet*, 1647. In-12, mar. bleu, jans. tr. dor. (*Cuzin*.)

Édition originale in-12.

397. ANDROMÈDE, tragédie, représentée avec les machines sur le théâtre royal de Bourbon. *A Rouen, chez Laurens Maurry*, 1651. In-12, mar. bleu, jans. tr. dor. (*Cuzin*.)

Édition originale in-12.

398. NICOMÈDE, tragédie. *A Rouen, chez Laurens Maurry*, 1651, *et se vend à Paris, chez Charles de Sercy*. In-4, mar. rouge, jans. tr. dor. (*Chambolle-Duru*.)

Édition originale.

399. NICOMÈDE, tragédie. *A Paris, chez Augustin Courbé*, 1653. In-12, mar. bleu, jans. tr. dor. (*Cuzin*.)

Édition originale in-12.

400. PERTHARITE, roy des Lombards, tragédie. *A Rouen, chez Laurens Maurry*, 1653. In-12, mar. bleu, jans. tr. dor. (*Cuzin*.)

Édition originale.

401.

OEDIPE,
TRAGEDIE.
Par P. CORNEILLE.

Imprimée à ROUEN, & *se vend*
A PARIS,

Chez {
AVGVSTIN COVRBE', au Palais, en la
Gallerie des Merciers, à la Palme.
Et
GVILLAVME DE LVYNE, Libraire Iuré,
dans la mesme Gallerie,
à la Iustice.
}

M. DC. LIX.
AVEC PRIVILEGE DV ROY.

In-12, mar. bleu, jans. dent. int. tr. dor. (*Cuzin*.)

Édition originale.

402. LA TOISON D'OR, tragédie..... *Imprimé à Rouen, et se vend à Paris, chez Augustin Courbé et Guillaume de Luyne,* 1661. In-12, mar. bleu, jans. tr. dor. (*Cuzin.*)

Édition originale.

403. SERTORIUS, tragédie. *Imprimé à Rouen, et se vend à Paris, chez Augustin Courbé et Guillaume de Luyne,* 1662. In-12, mar. bleu, jans. tr. dor. (*Cuzin.*)

Édition originale.

404. AGÉSILAS, tragédie en vers libres, rimez par P. Corneille. *A Rouen, et se vend à Paris, chez Guillaume de Luyne,* 1666. In-12, mar. bleu, jans. tr. dor. (*Cuzin.*)

Édition originale.

405. ATTILA, roy des Huns, tragédie par T. Corneille (Pierre). *A Paris, chez Guillaume de Luyne,* 1668. In-12, mar. bleu, jans. tr. dor. (*Cuzin.*)

Édition originale.

406. TITE ET BÉRÉNICE, comédie héroïque, par P. Corneille. *Paris, Thomas Jolly,* 1671. In-12, mar. bleu, jans. tr. dor. (*Cuzin.*)

Edition originale.

407. PULCHERIE, comédie héroïque. *Paris, Guillaume de Luyne,* 1673. In-12, mar. bleu, jans. tr. dor. (*Cuzin.*)

Édition originale.

408. SURENA, général des Parthes, tragédie. *Paris,*

Guillaume de Luyne, 1675. In-12, mar. bleu, jans.
tr. dor. (*Cuzin.*)

Édition originale.

409. LA COMÉDIE DES TUILERIES, par les cinq
autheurs. *A Paris, chez Augustin Courbé, imprimeur et libraire de Monseigneur frère du Roy, dans
la petite salle du Palais, à la Palme,* 1638. In-4 de
10 ff. et 140 pp. mar. bleu foncé, jans. dent. int. tr.
dor. (*Allô, dorure de Wampflug.*)

ÉDITION ORIGINALE. — Les cinq auteurs étaient: Boisrobert,
Colletet, Corneille, L'Estoile et Rotrou. Ils travaillaient en
collaboration sous le patronage de Richelieu. On a ajouté à
cet exemplaire une épreuve superbe du portrait de P. Corneille, gravé par Droyer d'après la peinture de Le Brun. Elle
a été remontée avec une grande habileté afin de concorder ·
avec le format in-4° du volume.

410. OBSERVATIONS SUR LE CID, ensemble l'excuse à
Ariste et le Rondeau (par de Scudéry). *Paris, aux
dépens de l'autheur,* 1637. In-8, parch. ant.

Édition originale.

411. LES SENTIMENS de l'Académie françoise sur la
tragi-comédie du Cid (par Chapelain et Conrart).
Paris, chez Jean Camusat, 1638. In-8, parch. à
recouvr. fil. tr. rouge.

Édition originale.

412. POEMES DRAMATIQUES DE T. CORNEILLE. *Imprimés à
Rouen et se vendent à Paris, chez Augustin Courbé et
Guillaume de Luyne,* 1661. 2 vol. in-8, frontisp. et
fig. mar. rouge, jans. dent. int. tr. dor.

Édition originale.

413. THOMAS CORNEILLE. — Le Geolier de soy-

même. *Rouen*, 1656. — Les Illustres Ennemis, comédie. *Rouen*, 1657. — Les Engagemens du hazard, comédie. *Rouen*, 1657. — Le Galand doublé, comédie. *Rouen*, 1660. — Gamma, tragédie. *Rouen*, 1661. — Ariane, tragédie. *Paris*, 1672. — Theodat, tragédie. *Paris*, 1673. — La Mort d'Achille, tragédie. *Rouen*, 1674. — Circé, tragédie. *Rouen*, 1675. — D. César d'Avalos, comédie. *Paris*, 1676. Ens. 10 pièces in-12 non reliées.

Éditions originales.

414. LE COMTE D'ESSEX, tragédie par T. Corneille. *A Paris*, 1678. In-12, mar. viol. dent. int. tr. dor. (*Thivet.*)

Édition originale.

415. BRADAMANTE, tragédie, par Th. Corneille. *A Paris, chez Michel Brunet,* 1696. In-8, mar. vert clair, dos orn. tr. dor.

Édition originale. Exemplaire non rogné.

416. L'EUNUQUE, comédie (par la Fontaine). *A Paris, chez Augustin Courbé,* 1656. In-4, mar. rouge, dos orn. fil. dent. int. tr. dor. (*Hardy.*)

Édition originale, très rare. Exemplaire des bibliothèques Solar et F. Didot.

417. JE VOUS PRENS SANS VERD, comédie (par la Fontaine). *A Paris, chez Pierre Ribou,* 1699. In-12, mar. rouge, fil. dent. int. tr. dor. (*Thibaron-Joly.*)

Édition originale.

418. LES COUPS DE L'AMOUR et de la Fortune, tragicomédie, dédiée à Son Altesse de Guise (par Qui-

nault). *A Paris, chez Guillaume de Luyne*, 1655.
In-4, parch.

Édition originale.

419. PERSÉE, tragédie (par Quinault). *A Paris*, 1682.
In-4, vélin moderne.

Édition originale.

MOLIÈRE.

420. LES ŒUVRES DE MONSIEUR DE MO-
LIÈRE. *A Paris, chez Denys Thierry et Claude
Barbin*, 1674. 7 vol. in-12, mar. rouge, dos orn. fil.
doublé de mar. rouge, large dent. tr. dor. (*Cuzin.*)

Très bel exemplaire de la *véritable édition originale de
Molière*. Elle est d'une grande rareté.

421. LES ŒUVRES DE MONSIEUR DE MOLIÈRE, reveues,
corrigées et augmentées. Enrichies de figures en
taille-douce. *A Paris, chez Denys Thierry, Claude
Barbin et chez Pierre Trabouillet*, 1682. 8 vol.
in-12, figures, veau fauve, dos orn. (*Rel. anc.*)

Première édition complète donnée par Vinot et La Grange
après la mort de Molière. Bel exemplaire dans sa première
reliure.

422. LES ŒUVRES DE MONSIEUR DE MOLIÈRE, avec des
remarques grammaticales, des avertissements et des
observations sur chaque pièce, par M. Bret. *A Paris*,
1773. 7 vol. in-8, veau écaille, fil. tr. dor. (*Rel.
anc.*)

Bonnes épreuves des figures.

423.

L'ESTOVRDY

OV LES

CONTRE-TEMPS,

COMEDIE.

REPRESENTE'E SVR LE
Theatre du Palais Royal.

Par *I. B. P. MOLIERE.*

A PARIS,
Chez GABRIEL QVINET, au
Palais, dans la Galerie des Prifonniers,
à l'Ange Gabriel.

M. DC. LXIII.
AVEC PRIVILEGE DV ROY.

In-12 de 6 ff. prélim. 118 pp. et 1 ff. blanc, mar.
rouge jans. dent. int. tr. dor. (*Trautz-Bauzonnet.*)

ÉDITION ORIGINALE. Bel exemplaire.

424.   # DE'PIT
AMOVREVX
COMEDIE,
REPRESENTE'E SVR LE
Theatre du Palais Royal.

DE I. B. P. MOLIERE.

A PARIS,
Chez GABRIEL QVINET, au Palais, dans la
Galerie des Prifonniers, à l'Ange Gabiel.

M. DC. LXIII.
AVEC PRIVILEGE DU ROY.

In-12 de 4 ff. prélim. (et non 2, comme le mentionne
la Bibliogr. Moliéresque), et 135 pp. mar. rouge,
jans. dent. int. tr. dor. (*Trautz-Bauzonnet.*)
ÉDITION ORIGINALE. Superbe exemplaire.

425.

L'ESCOLE
DES
FEMMES·
C O M E D I E·

Par I. B. P. MOLIERE.

A PARIS,

Chez Gvillavme de Lvynes
Libraire Iuré, au Palais, dans la Salle
des Merciers, à la Iustice.

M. DC. LXIII.

Avec Priuilege du Roy.

In-12 de 6 ff. prél. dont une figure, 93 pag. et un
carton paginé 73-74, entre les pag. 74 et 75, mar.
rouge, jans. dent. int. tr. dor. (*Trautz-Bauzonnet.*)

ÉDITION ORIGINALE. Très bel exemplaire.

426.

LA
CRITIQVE
DE
L'ESCOLE
DES FEMMES,
COMEDIE.

Par *I. B. P.* MOLIERE.

A PARIS,
Chez ESTIENNE LOYSON, au Palais,
dans la Gallerie des Prisonniers, au
Nom de IESVS.

M. DC. LXIII.
AVEC PRIVILEGE DV ROY.

In-12 de 6 ff. prélim., dont un blanc et 118 pp.
maroq. rouge, jans. dent. int. tr. dor. (*Trautz-Bauzonnet.*)

ÉDITION ORIGINALE. Bel exemplaire.

427.

LES
FACHEVX
COMEDIE,
De I. B. P. Moliere.

REPRESENTEE SVR LE
Theatre du Palais Royal.

A PARIS,

Chez IEAN GVIGNARD le fils, en la
Grand' Salle du Palais, du cofté de la Cour
des Aydes, à l'image Saint Iean.

M. DC. LXII.
AVEC PRIVILEGE DV ROY,

In-12 de 11 ff. prél. les Fascheux des pages 9 à 76
inexactement chiffrés et 1 ff. pour le privilège du
Roy, maroq. rouge, jans. dent. int. tr. dor. (*Trautz-
Bauzonnet.*)

ÉDITION ORIGINALE. Bel exemplaire.

428.

LE
MARIAGE
FORCÉ.
COMEDIE.
Par I. B. P. DE MOLIERE.

A PARIS,
Chez **IEAN RIBOV**, au Palais,
vis à vis la Porte de l'Eglise
de la Sainte Chapelle,
à l'Image S. Louis.

M. DC. LXVIII.
AVEC PRIVILEGE DV ROT.

In-12 de 2 ff. prél. et 91 pp. maroq. rouge, jans.
dent. int. tr. dor. (*Trautz-Bauzonnet.*)

ÉDITION ORIGINALE. Très bel exemplaire.

429.

LE
MISANTROPE
COMEDIE.
Par I.B.P. DE MOLIERE.

A PARIS.

Chez IEAN RIBOV, au Palais, vis à vis la Potte
de l'Eglise de la Sainte Chapelle,
à l'Image Saint Louis.

M. DC. LXVII.
AVEC PRIVILEGE DV ROY.

In-12 de 12 ff. prél. y compris le frontisp. et 84 pp.
maroq. rouge, jans. dent. int. tr. dor. (*Trautz-Bauzonnet.*)

ÉDITION ORIGINALE. Superbe exemplaire.

8

430.

LE
SICILIEN,
OV
L'AMOVR
PEINTRE,
COMEDIE.
PAR I. B. P. DE MOLIERE.

A PARIS,
Chez Iean Ribov, au Palais, vis
à vis la Porte de la S. Chapelle,
à l'Image S. Louis.

M. DC. LXVIII.
AVEC PRIVILEGE DV ROT.

In-12 de 2 ff. 81 pp. 5 pp. pour le privilège et 1 feuillet
blanc, mar. rouge, jans. dent. int. tr. dor. (*Trautz-
Bauzonnet.*)

ÉDITION ORIGINALE. Très bel exemplaire.

431.

LE
TARTVFFE,
OV
L'IMPOSTEVR,
COMEDIE.
PAR I. B. P. DE MOLIERE.

Imprimé aux despens de l'Autheur, & se vend
A PARIS,
Chez I E A N R I B O V, au Palais, vis-à-vis
la Porte de l'Eglise de la Sainte Chapelle,
à l'Image S. Loüis.

M. DC. LXIX.
AVEC PRIVILEGE DV ROY.

In-12 de 12 ff. prél. et 96 pag. maroq. rouge, jans.
dent. int. tr. dor. (*Trautz-Bauzonnet.*)

ÉDITION ORIGINALE. Achevé d'imprimer pour la première fois le 23 mars 1669.
Très bel exemplaire du comte de Sauvage.

432.

MONSIEVR
DE
POVRCEAVGNAC,
COMEDIE
FAITE A CHAMBORD,
pour le Diuertiſſement du Roy.

PAR I. B. P. MOLIERE.

A PARIS,
Chez IEAN RIBOV, au Palais, vis à vis
la Porte de l'Egliſe de la Sainte Chapelle,
A l'Image S. Louis.

M. DC. LXX.
AVEC PRIVILEGE DV ROI.

In-12 de 4 ff. et 136 pp. maroq. rouge, jans. dent.
int. tr. dor. (*Trautz-Bauzonnet.*)

ÉDITION ORIGINALE. Très bel exemplaire.

433.   # AMPHITRYON.

COMEDIE

PAR I.B.P. DE MOLIERE.

A PARIS,
Chez IEAN RIBOV, au Palais, vis à vis
la Porte de l'Eglife de la Sainte Chapelle,
à l'Image Saint Louis.

M. DC. LXVIII.
AV EC PRIVILEGE DV ROY.

In-12 de 4 ff. prélim. et 88 pag. maroq. rouge, jans.
dent. int. tr. dor. (*Trautz-Bauzonnet.*)
ÉDITION ORIGINALE. Très bel exemplaire.

434. # L'AVARE,

COMEDIE.

Par I.B.P. MOLIERE.

A PARIS,
Chez I E A N. R I B O V, au Palais, vis-à-vis
la Porte de l'Eglife de la Sainte Chapelle,
à l'Image S. Louis.

M. DC. L'XIX.
AVEC PRIVILEGE DV ROY.

In-12 de 2 ff. prélim. et 150 pag. mar. rouge, jans.
dent. int. tr. dor. (*Cuzin.*)

ÉDITION ORIGINALE. Très bel exemplaire.

435.

GEORGE
DANDIN,
OV LE
MARY CONFONDV.
COMEDIE.

Par I. B. P. DE MOLIERE.

✳

A PARIS,
Chez IEAN RIBOV. au Palais,
vis-à-vis la Porte de l'Eglife de
la Sainte Chapelle, à l'Image
Saint Loüis.

M. DC. LXIX.
Avec Priuilege du Roy.

In-12 de 2 ff. prélim. et 154 pp. mar. rouge, jans.
dent. int. tr. dor. (*Trautz-Bauzonnet.*)
ÉDITION ORIGINALE. Très bel exemplaire.

436.

LES
FOURBERIES
DE
SCAPIN.
COMEDIE.
· PAR I. B. P. MOLIERE.

Et se vend pour l'Autheur,
A PARIS,
Chez PIERRE LE MONNIER, au Palais,
vis-à-vis la Porte de l'Eglise de la S. Chapelle,
à l'Image S. Loüis, & au Feu Divin.
M. DC. LXXI.
AVEC PRIVILEGE DV ROY.

In-12 de 2 ff. prélim. 123 pag. et 4 pp. pour le privilège, maroq. rouge, jans. dent. int. tr. dor. (*Trautz-
Bauzonnet.*)

ÉDITION ORIGINALE. Très bel exemplaire.

437.

LES
FEMMES
SÇAVANTES.
COMEDIE.
Par I.B.P. MOLIERE.

Et se vend pour l'Autheur.
A PARIS,
Au Palais, &
Chez PIERRE PROMÉ', sur le Quay
des Grands Augustins, à la Charité.

M. DC. LXXIII.
AVEC PRIVILEGE DV ROY.

In-12 de 2 ff. prélim. et 92 pag. maroq. rouge, jans.
dent. int. tr. dor. (*Duru.*)

ÉDITION ORIGINALE. Très bel exemplaire.

438.

LE
FESTIN
DE
PIERRE,
COMEDIE.

Par J. B. P. DE MOLIERE.

Edition nouvelle & toute differente de celle qui a paru jufqu'à prefent.

A AMSTERDAM.
M. DC. LXXXIII.

Pet. in-12 de 3 ff. prélim. y compris la fig. et 72 pp. maroq. rouge, dos orné, fil. doublé de maroq. bleu, large dent. tr. dor.

ÉDITION RARE, qui contient pour la première fois la *Scène du pauvre* et celles qui précèdent du 3ᵉ acte, imprimées dans leur entier. Très bel exemplaire aux armes du comte de la Gondie.

439·

LES
FRAGMENS
DE
MOLIERE·
COMEDIE·

A PARIS,
Chez JEAN RIBOU, fur le Quay des
Auguftins, au deffus de la Grand'Porte
de l'Egife, à la defcente du Pontneuf,
à l'Image Saint Loüis.

M. DC. LXXXII.
Avec Privilege du Roy.

In-12, maroq. rouge, jans. dent. int. tr. dor. (*Trautz-Bauzonnet.*)

PREMIÈRE ÉDITION, publiée par Champmeslé, de ces fragments du *Festin de Pierre*. On y trouve beaucoup de passages différents et d'autres qui n'ont pas été reproduits dans les éditions de la pièce complète.
Très bel exemplaire.

440. LE DIVERTISSEMENT ROYAL (de Molière),
meslé de comédie, de musique et d'entrée de ballet. *A
Paris, par Robert Ballard*, 1670. In-4, mar. rouge,
jans. dent. int. tr. dor. (*Trautz-Bauzonnet.*)

Édition originale.

441. SGANARELLE OU LE COCU IMAGI-
NAIRE, comédie avec les argumens de chaque
scène. *A Paris, chez Augustin Courbé*, 1663. In-12,
mar. rouge, jans. tr. dor. (*Trautz-Bauzonnet.*)

442. SGANARELLE OU LE COCU IMAGINAIRE, comédie, par
J.-B.-P. Molière. *A Paris, chez Jean Ribou*, 1666.
In-12, mar. rouge, jans. dent. int. tr. dor. (*Trautz-
Bauzonnet.*)

Très rare. Première édition donnée par Molière, selon la
Bibliographie moliéresque.

443. LES PLAISIRS DE L'ISLE ENCHANTÉE ou la Princesse
d'Élide, comédie de M. de Molière. *A Paris, chez
Jean Guignard*, 1668. In-12, mar. rouge, jans. tr.
dor. (*Belz-Niedrée.*)

444. LE TARTUFFE OU L'IMPOSTEUR, comédie, par J.-B.
P. Molière. *A Paris, chez Jean Ribou*, 1669. In-12,
front. grav. mar. rouge, jans. tr. dor. (*Trautz-Bauzonnet.*)

SECONDE ÉDITION ORIGINALE avec les placets et la figure.

445. PSICHÉ, tragédie-ballet, par J.-B. P. Molière. *A
Paris, chez Claude Barbin*, 1673. In-12, mar. rouge,
dos orn. fil. dent. tr. dor. (*Capé.*)

446. LE MALADE IMAGINAIRE, comédie meslée
de musique et de danses, par M. de Molière, corrigée sur l'original de l'auteur, de toutes les fausses

additions et suppositions de scènes entières faites
dans les éditions précédentes. *S. l. n. d.* In-12, de
120 pp. mar. rouge, jans. dent. int. tr. dor. (*Reymann.*)

447. VIE DE MOLIÈRE (par Voltaire) avec des jugemens
sur ses ouvrages. *Paris,* 1739. In-12, vélin.

448. LES PRÉCIEUSES RIDICULES, comédie (de Molière),
représentée au Petit-Bourbon, nouvellement mise
en vers (par Ant. Baudeau, sieur de Somaize. *A
Paris, chez Jean Ribou,* 1660. In-12, demi-rel. mar.
rouge, tr. jasp. (*Simier.*)

449. LES VÉRITABLES PRÉCIEUSES, comédie (en un acte
et en prose par Ant. Baudeau de Somaize). *A Paris,
chez Jean Ribou,* 1660. In-12 de 71 pages, v. gran.
tr. rouge.

RACINE.

450. ŒUVRES DE RACINE. *A Paris, chez Claude
Barbin,* 1676. 2 vol. in-12, frontisp. et figures, mar.
rouge. dos orn. fil. dent. int. tr. dor. (*Hardy.*)
ÉDITION ORIGINALE.

451. ŒUVRES DE RACINE. *A Paris, chez Pierre Trabouillet,* 1697. 2 vol. in-12, front. et figures, veau
fauv. dos orn. (*Reliure ancienne.*)
Dernière édition donnée par Racine. Bel exemplaire.

452. ŒUVRES DE JEAN RACINE, avec des commentaires
par M. Luneau de Boisjermain. *A Paris,* 1768. 7 vol.
in-8, figures de Gravelot, avant la lettre, veau écail.
fil. tr. dor.

453.

LA
THEBAYDE
OV
LES FRERES
ENNEMIS
TRAGEDIE.

A PARIS,

Chez GABRIEL QVINET, au Palais,
dans la Galerie des Prisonniers,
à l'Ange Gabriel.

M. DC. LXIV.

Auec Priuilege du Roy.

In-12 de 4 ff. prélim. 70 pag. et un feuillet pour le
privilège, mar. rouge, dos orné, fil. dent. int. tr. dor.
(*Capé.*)

ÉDITION ORIGINALE. Bel exemplaire.

454.

ALEXANDRE

LE GRAND·

T R A G E D I E.

A PARIS,

Chez PIERRE TRABOUILLET , dans la Salle
Dauphine, à la Fortune.

M. D C. LXVI.

AVEC PRIVILEGE DV ROY.

In-12 de 12 ff. prélim. et 84 pag. vélin.

ÉDITION ORIGINALE. Très rare. Bel exemplaire dans
sa première reliure.

455. ANDROMAQVE.

TRAGEDIE.

A PARIS,

Chez Theodore Girard, dans la grand'
Salle du Palais, du costé de la Cour
des Aydes, à l'Enuie.

M. DC. LXVIII

Auec Priuilege du Roy.

In-12 de 6 ff. prélim. 95 pp. et 2 pp. pour le privilège, mar. rouge, dos orn. fil. tr. dor. (*Lortic.*)
ÉDITION ORIGINALE.

456.   LES

PLAIDEVRS·

COMEDIE·

A PARIS,
Chez CLAVDE BARBIN, au Palais
fur le Second Perron de la
Sainte Chapelle.

M. DC. LXIX.
AVEC PRIVILEGE DV ROY.

In-12 de 4 ff. prélim. et 88 pp. mar. rouge, jans. tr.
dor. (*Trautz-Bauzonnet.*)

ÉDITION ORIGINALE. Fort rare.

9

457. # BRITANNICUS.
TRAGEDIE.

A PARIS,

Chez Claude Barbin, au Palais, fur
le fecond Perron de la Sainte Chapelle.

M. DC. LXX.
AVEC PRIVILEGE DU ROY.

In-12 de 8 ff. et 80 pp. maroq. bleu, jans. dent. int.
tr. dor. (*Cuzin.*)

ÉDITION ORIGINALE. Bel exemplaire.

458. # BERENICE

TRAGEDIE.

PAR M. RACINE.

A PARIS,
Chez CLAUDE BARBIN, au Palais,
fur le Second Perron de la Sainte Chapelle.

M. DC. LXXI.
AVEC PRIVILEGE DV ROY.

In-12 de 10 ff. prélim. et 88 pp. maroq. rouge, dos
orn. fil. dent. int. tr. dor. (*Chambolle-Durú.*)
ÉDITION ORIGINALE. Bel exemplaire.

459. BAJAZET.

TRAGEDIE.

PAR M' RACINE.

Et se vend pour l'Autheur,
A PARIS,
Chez PIERRE LE MONNIER, vis-à-vis
la Porte de l'Eglise de la Sainte Chapelle,
à l'Image de Saint Loüis.

M. DC. LXXII.
AVEC PRIVILEGE DV ROY.

In-12 de 4 ff. et 99 pag. maroq. bleu, dos orn. fil.
dent. int. tr. dor. (*Cuzin.*)

ÉDITION ORIGINALE. Bel exemplaire.

460. # MITHRIDATE,

TRAGEDIE.

PAR MR RACINE.

A PARIS,

Chez CLAVDE BARBIN , au Palais , fur
le fecond Perron de la Sainte Chapelle.

M. DC. LXXIII.

AVEC PRIVILEGE DV ROY.

In-12 de 5 ff. prél. 81 pag. maroq. rouge, dos orné,
fil. dent. int. tr. dor. (*Belz-Niedrée.*)
ÉDITION ORIGINALE.

461. # IPHIGENIE,

TRAGEDIE.

Par Mʀ RACINE.

A PARIS,

Chez Cʟᴀᴜᴅᴇ Bᴀʀʙɪɴ, au Palais, fur
le fecond Perron de la Sainte Chapelle.

M. DC. LXXV.

AVEC PRIVILEGE DV ROY.

In-12 de 6 ff. et 72 pp. maroq. bleu, dos orné, fil.
dent. int. tr. dor. (*Thibaron-Joly.*)

ÉDITION ORIGINALE. Bel exemplaire.

462.

PHEDRE

&

HIPPOLYTE.

TRAGEDIE.

Par MR RACINE.

A PARIS,

Chez JEAN RIBOU, au Palais, dans la
Salle Royale, à l'Image S. Louïs.

M. DC. LXXVII.

AVEC PRIVILEGE DV ROY.

In-12 de 6 ff. prélim. y compris le frontisp. de Séb.
Le Clerc et 78 pages, maroq. bleu, dos orné, fil.
milieux dorés à pet. fers sur les plats, dent. int. tr.
dor. (*Capé.*)

VÉRITABLE ÉDITION ORIGINALE EN 78 PAGES. Très bel
exemplaire.

463. ESTHER, tragédie tirée de l'Escriture Sainte. *A Paris, chez Denys Thierry, rue Saint-Jacques*, 1689. In-4, figure, mar. rouge, jans. dent. int. tr. dor. (*Chambolle-Duru.*)

ÉDITION ORIGINALE. Très bel exemplaire.

464. ATHALIE, tragédie tirée de l'Escriture Sainte. *A Paris, chez Denys Thierry*, 1691. In-4, fig. mar. rouge, jans. dent. int. tr. dor. (*Hardy.*)

ÉDITION ORIGINALE. Très bel exemplaire.

465. INTERMÈDES EN MUSIQUE, de la tragédie d'Esther, propres pour les dames Religieuses et toutes autres personnes, par M. Moreau, maistre de musique et pensionnaire de Sa Majesté. *A Paris, chez Ch. Ballard*, 1696. In-4, vélin blanc, dor. sur les plats, tr. dor.

466. L'Escole des filles, comédie, par le sieur de Montfleury. *A Paris, chez N. Pépingué*, 1666. In-12, demi-rel. avec coins, mar. rouge, n. rog. (*Capé.*)

467. Théatre de MM. de Montfleury père et fils. *Paris, chez la veuve Duchesne*, 1775. 4 vol. in-12, v. fauve, fil. tr. dor. (*Derome.*)

468. Les Œuvres de M. Pradon. *A Paris, chez Thomas Guillain*, 1688. In-12, mar. rouge, jans. dent. int. tr. dor. (*Reymann.*)

Recueil rare. Pirame et Thisbé, 1674. — Tamerlan, 1676, Phèdre et Hippolyte, 1677.—La Troade,1680.—Statira,1680. — Régulus, 1688. Toutes ces pièces en éditions originales.

469. LES ŒUVRES DE M. BARON. *A Paris*, 1686. In-12, mar. rouge, dos orn. fil. tr. dor. (*Thibaron-Joly*.)

Réunion sous un titre collectif des pièces suivantes en éditions originales : Les Enlèvements, comédie, 1686.—L'Homme à bonnes fortunes, comédie, 1686. — La Coquette et la Fausse Prude, 1687. — Le Rendez-vous des Tuileries, 1686.

470. LES ŒUVRES DE THÉÂTRE DE M. D'ANCOURT. *A Paris*, 1742. 8 vol. in-12, mar. rouge, fil. tr. dor. (*Reliure anc.*)

Bel exemplaire du duc de la Vallière.

471. LES ŒUVRES DE M. DANCOURT. *A Paris, chez Thomas Guillain*, 1693. In-12, mar. rouge, dos orn. fil. tr. dor. (*Duru*.)

Réunion sous ce titre des pièces suivantes en éditions originales : Les Bourgeoises à la mode, comédie, 1693. — L'Esté des coquettes, 1691. — L'Impromptu de garnison, 1693. — La Maison de campagne, 1691. — La Folle Enchère, 1691. De la bibliothèque du comte de Béhague.

472. LES ŒUVRES DE M. DANCOURT. *A Paris, chez Pierre Ribou*, 1698-1718. 7 vol. in-12, mar. rouge, dos orn. fil. ornem. sur les plats, dent. int. tr. dor. (*Chambolle-Duru*.)

Recueil factice contenant les pièces suivantes :
TOME Ier. L'Esté des coquettes, 1701. — Les Bourgeoises à la mode, 1693. — Le Tuteur, 1695. — La Foire de Besons, 1696.
TOME II. Les Vendanges de Suresnes, 1700. — La Foire de Saint-Germain, 1696. — Le Moulin de Javelle, 1696. — Les Eaux de Bourbon, 1697.
TOME III. La Femme d'intrigue, 1694. — Renaud et Armide, 1697. — Le Chevalier à la mode, 1697.— La Lotterie, 1697. — Le Charivary, 1697.
TOME IV. Les Curieux de Compiègne, 1698. — Le Retour

des officiers, 1698. — La Nopce interrompue, 1699. — Le Mary retrouvé, 1699. — Les Fées, 1699.

Tome V. L'Inconnu, par T. Corneille, avec un nouveau prologue et de nouveaux agrémens. 1704. — Nouveau Prologue et nouveaux diverissemens pour la comédie des Amans magnifiques, 1704. — Les Enfans de Paris, 1705. — Le Galand jardinier, 1705.

Tome VI. La Feste de village, 1700. — Les Trois Cousines, 1700. — Colin Maillard, 1701. — L'Opérateur Barry, 1702.

Tome VII. Sancho-Pança, 1713. — L'Impromptu de Suresnes, 1713. — Les Festes du Cours, 1714. — Le Vert-Galant, 1714. — La Déroute de Pharaon, 1718.

473. ·La Parisienne, comédie de M. Dancourt. *A Paris, chez Thomas Guillain,* 1694. In-12 de 64 pp. parch. ant. (*Edit. orig.*)

474. La Foire de Besons, comédie de M. Dancourt, *A Paris, chez Thomas Guillain,* 1695. In-12, mar. rouge, large dent. sur les plats, gardes en papier doré, tr. dor.

Édition originale. Exemplaire aux armes de Flesselles, prévôt des marchands.

·475. La Feste de village, comédie de M. Dancourt. *A Paris, chez Pierre Ribou,* 1700. In-12, mar. rouge, fil. tr. dor. (*Reliure anc.*)

476. Le Moulin de Javelle, comédie de M. Dancourt. *A Paris, chez Thomas Guillain,* 1696. In-12, parch. ant.

Édition originale.

477. Le Tuteur, comédie (par M.-F.-C. Dancourt). *A Paris, chez Thomas Guillain,* 1695. In-12 de 72 pp. parch.

Édition originale.

478. LES VENDANGES DE SURESNE, comédie de M. Dancourt. *Paris, chez Pierre Ribou*, 1700. In-12 de 71 pp, parch.

Édition originale.

479. L'ESTÉ DES COQUETTES, comédie de M. Dancourt. *A Paris, chez Pierre Ribou*, 1701. In-12 de 64 pp. parch.

480. PIÈCES DE THÉÂTRE DE M. BOURSAULT. Germanicus, tragédie. — Marie Stuart, reine d'Écosse, tragédie. — La Comédie sans titre. — Phaéton, comédie en vers libres. — Méléagre, opéra. — La Feste de la Seine, petit divertissement en musique. *A Paris, chez Jean Guignard*, 1694. Six pièces en 1 vol. in-12, v.

Éditions originales.

481. LES FABLES D'ÉSOPE, comédie (par Boursault). *A Paris, chez Théodore Girard*, 1690. In-12, front. gr. parch. ant.

Édition originale.

482. ÉSOPE A LA COUR, comédie héroïque par feu M. Boursault. *A Paris, chez Damien Beugnié*, 1702. In-12, parch. ant.

483. LE MORT VIVANT, comédie (par Boursault), dédiée à Mgr le duc de Guise. *A Paris, chez Nicolas Pépingué*, 1662. In-12 de 51 pp. parch. tr. roug.

484. LES ŒUVRES DE M. HAUTEROCHE. *A Paris, chez Thomas Guillain*, 1696. In-12, v. fauv. dent. tr. dor. (*Thivet.*)

Édition originale.

485. Le Grondeur, comédie (par Palaprat). *A Paris*, 1693. In-12, vélin.

Édition originale.

486. Le Parisien, comédie (par de Champmeslé). *Paris*, 1683. In-12, vélin.

Édition originale.

487. Œuvres de M. Campistron. *Paris, Thomas Guillain*, 1690. In-12, front. grav. mar. rouge, fil. tr. dor. (*Chambolle-Duru.*)

Édition originale de la réunion des cinq pièces en 1 vol. On a ajouté *Tiridate, tragédie*, 1691.

488. Œuvres de M. de Campistron, de l'Académie françoise. *Paris*, 1751. 3 vol. in-12, cuir de Russie, fil. tr. marbr.

489. Le Jaloux désabusé, comédie, par M. de Campistron. *A Paris, chez Pierre Ribou*, 1710. In-12, front. parch. ant.

Édition originale.

490. Le Théatre de M. de Rivière (Du Fresny). *A Paris, chez Pierre Ribou*, 1704. In-12, veau gris, tr. dor. (*Thivet.*)

Réunion sous un titre collectif de cinq pièces en éditions originales. — L'Esprit de contradiction, 1707. — Le Double Veuvage, 1701. — Le Faux Honnête Homme, 1703. — Le Faux Instinct, 1707. — Le Jaloux honteux, 1708.

491. Les Œuvres de M. de Crébillon. *A Paris, chez Pierre Ribou*, 1711. In-12, mar. brun, dos orn. fil. tr. dor. (*Chambolle-Duru.*)

Ce recueil contient: Atrée et Thyeste, 1709. — Électre,

1709. — Rhadamiste et Zénobie, 1711 (3ᵉ édition). — Ido-
ménée, 1711.

Éditions originales.

492. LES ŒUVRES DE M. DE LA GRANGE (CHANCEL). *A
Paris, chez Pierre Ribou*, 1699. In-12, mar. brun,
jans. dent. int. tr. dor. (*Thivet.*)

> Réunion sous un titre collectif de : Méléagre, 1699.— Oreste
> et Pilade, 1697. — Adherbal, roy de Numidie, 1699. —
> Athénaïs, 1700.
> Toutes ces pièces en éditions originales.

493. ŒUVRE (*sic*) DE M. DE LA FOSSE. — Manlius, tragédie. *Paris, Ribou*, 1698. — Polixène. *Paris, Guillain*, 1696. — Thésée. *Paris, Ribou*, 1700. — Co-
resus et Callirhoé. *Paris, Ribou*, 1704. Ensemble
4 pièces en 1 vol. in-12, mar. vert, jans. dent. int. tr.
dor. (*Thivet.*)

> Éditions originales.

REGNARD.

494. ŒUVRES DE REGNARD, avec des avertissemens et
des remarques sur chaque pièce par M. G*** (Garnier). *A Paris, de l'imprimerie de Monsieur*, 1790.
4 vol. in-8, portr. et figures de Moreau le jeune
(épreuves avec la lettre grise), veau écaille, fil. tr.
dor.

495.

ATTENDEZ-MOY

SOUS L'ORME,

COMEDIE.

A PARIS,
Chez THOMAS GUILLAIN, à
la defcente du Pont-Neuf, prés les
Auguftins, à l'Image S. Loüis.

M. DC. XCIV.
Avec Privilege du Roy.

In-12 de 2 ff. prélim. et 48 pages, mar. vert, jans.
dent. int. tr. dor. (*Cuzin.*)

<small>ÉDITION ORIGINALE.</small> Très bel exemplaire.

496

LE
BOURGEOIS
DE
FALAISE.
COMEDIE.

A PARIS,
Chez THOMAS GUILLAIN, à la
defcente du Pont-neuf, prés les Auguftins,
à l'Image S. Louis.

M. DC. XCIV.
AVEC PRIVILEGE DU ROT.

In-12 de 47 pp. tout compris, mar. vert, jans. dent.
int. tr. dor. (*Cuzin.*)

ÉDITION ORIGINALE. Très bel exemplaire.

497.

LA
SERENADE,
COMEDIE.

A PARIS,
Chez THOMAS GUILLAIN, à
la defcente du Pont-Neuf, prés les
Auguftins, à l'Image S. Loüis.

M. DC. XCV.
Avec Privilege du Roy.

In-12 de 2 ff. prélim. et 56 pp. mar. vert, jans. dent.
int. tr. dor. (*Cuzin.*)

ÉDITION ORIGINALE. Très bel exemplaire.

498.

LE
DISTRAIT,
COMEDIE.

A PARIS,

Chez PIERRE RIBOU, à la dé-
cente du Pont-Neuf, prés des Auguſtins, à l'Imàge S. Loüis.

M. DC. XCVIII.
Avec Privilege du Roi.

In-12 de 2 ff. prélim. et 112 pag. mar. vert, jans.
dent. int. tr. dor. (*Cuẑin.*)

ÉDITION ORIGINALE. Très bel exemplaire. Rare.

10

499. # DEMOCRITE,

COMEDIE.

Le prix 20. f.

A PARIS,
Chez PIERRE RIBOU, proche les
Auguſtins, à la deſcente du Pont-neuf,
à l'Image S. Louis.

M. DCC.
AVEC PRIVILEGE DU ROY.

In-12 de 2 ff. prélim. et 90 pag. mar. vert jans. dent.
int. tr. dor. (*Cuʒin.*)

ÉDITION ORIGINALE. Très bel exemplaire.

5oo.

LE
RETOUR
IMPREVEU·
COMEDIE.

A PARIS,
Chez PIERRE RIBOU, proche les
Auguſtins, à la deſcente du Pont-neuf,
à l'Image S. Louis.
_____
M. DCC.
AVEC PRIVILEGE DU ROY.

In-12 de 59 pp. tout compris (la dernière est chiff.
56 par erreur), mar. vert, jans. dent. int. tr. dor.
(*Cuƶin.*)

ÉDITION ORIGINALE. Bel exemplaire.

501.

LES FOLIES

AMOUREUSE S.

C O M E D I E.

Par M. R***

A PARIS,

Chez PIERRE RIBOU, à la defcente
du Pont-Neuf, prés des Auguftins,
à l'Image S. Loüis.

M. DC. XCCIV.
Avec Approbation & Privilege du Roy.

In-12 de 4 ff. prélim. et 92 pag. mar. vert, jans. dent.
int. tr. dor. (*Cuzin.*)

5o2.

LES
MENECHMES.
C O M E D I E.

Avec une Epître à Mr. Despreaux.

Par Mr. REGNARD.

Le prix est de vingt sols.

A PARIS.

Chez PIERRE RIBOU, sur le Quay
des Augustins, à la descente du Pont-
Neuf, à l'Image S. Loüis.

M. DCCVI.
Avec Approbation & Privilège du Roy.

In-12 de 4 ff. prélim. y compris le frontisp., 88 pp.
et 2 ff. pour le privilège et les fautes à corriger, mar.
vert, jans. dent. int. tr. dor. (*Cuzin.*)

ÉDITION ORIGINALE. Très bel exemplaire.

LE
LEGATAIRE
UNIVERSEL.
COMEDIE.

Le prix est de vingt sols.

le Feure fec

A PARIS,

Chez PIERRE RIBOU, sur le Quay des Augustins, à la descente du Pont-Neuf, à l'Image S. Loüis.

MDCCVIII.

Avec Approbation & Privilege du Roy.

In-12 de 2 ff. prélim. pour le frontisp. et le titre, 103 pp. et 3 pag. pour le privilège, maroq. vert, jans. dent. int. tr. dor. (*Cuzin*.)

ÉDITION ORIGINALE. Très bel exemplaire.

504.

LA
CRITIQUE
DU
LEGATAIRE
COMEDIE.

A PARIS,

Chez PIERRE RIBOU, fur le Quay
des Auguftins, à la defcente du Pont-
Neuf, à l'Image Saint Loüis.

MDCCVIII.
Avec Approbation & Privilege du Roi.

In-12 de 1 f. pour le titre et 22 pp. mar. vert, jans.
dent. int. tr. dor. (*Cuzin.*)

EDITION ORIGINALE. Très bel exemplaire.
N. B. — LES NUMÉROS 495 A 504 POURRONT ÊTRE RÉUNIS EN
UN SEUL LOT.

5o5.

CRISPIN

RIVAL

DE SON MAÎTRE.

COMEDIE.

Par   Monfieur   Le   S**.

Le prix eft de dix-huit fols.

A   PARIS,

Chez PIERRE RIBOU, fur le
Quay des Auguftins, à la defcente du
Pont-Neuf, à l'Image S. Loüis.

M D C C V I I.
Avec Approbation & Privilege du Roy.

In-12, mar. rouge, dos orné, fil. tr. dor. (*Lortic.*)
Édition originale. Bel exemplaire.

5o6.

TURCARET.

COMEDIE.

Par Monſieur LE SAGE.

Le prix eſt de vingt ſols.

A PARIS,

Chez PIERRE RIBOU, ſur le Quay
des Auguſtins, à la Deſcente du Pont
Neuf, à l'Image S. Loüis.

M. DCC. IX.

Avec Approbation, & Privilege du Roy.

In-12, maroq. rouge, jans. dent. int. tr. dor. (*Cuʒin.*)

ÉDITION ORIGINALE, rare. Très bel exemplaire.

507. Les Pèlerins de la Mecque, pièce en trois actes
par M. Le S. et d'O. (Le Sage et d'Orneval). *Paris,*
1726. In-12, parch.

Édition originale.

508. Recueil des pièces mises au théâtre français par
M. Le Sage. *A Paris,* 1739. 2 vol. in-12, mar.
rouge, dos orn. fil. dent. int. tr. dor. (*Hardy.*)

509. Le Théâtre espagnol, ou les Meilleures Comédies
des plus fameux auteurs espagnols traduits en françois (par Le Sage). *A Paris, chez Jacques-Christophe
Remy,* 1700. In-12, mar. rouge, dos orn. fil. dent.
int. tr. dor. (*Cuzin*).

Édition originale très rare.

510. Théâtre de Néricault-Destouches, de l'Académie Françoise. 15 pièces in-8 et in-12.

1° Le Curieux impertinent, comédie en vers, par M. Néricault-Destouches. *A Paris, chez François Le Breton,* 1716,
in-12, parch.

2° L'Ingrat, comédie, par M. Néricault-Destouches. *A
Paris, chez François Le Breton,* 1712, in-12, mar. vert, dent.
int. tr. dor. (*Thivet.*) (*Édition originale.*)

3° L'Irrésolu, comédie, par Néricault-Destouches. *A Paris,
chez François Le Breton,* 1713, in-12, parch. (*Édition originale.*)

4° Le Médisant, comédie en vers et en cinq actes, par
M. Néricault-Destouches. *A Paris, chez François Le Breton,*
1715, in-12, mar. vert, dent. int. tr. dor. (*Thivet.*) (*Édition
originale.*)

5° Le Triple Mariage, comédie, par Néricault-Destouches.
A Paris, chez François Le Breton, 1716, in-12 de 55 pp. mar.
vert, dent. int. tr. dor. (*Thivet.*) (*Édition originale.*)

6° L'Obstacle imprévu ou l'Obstacle sans obstacle, comédie
en cinq actes, par M. Néricault-Destouches. *A Paris, chez
François Le Breton,* 1718, in-12, parch. (*Édition originale.*)

7° Le Philosophe marié ou le Mary honteux de l'être, comédie en vers, en cinq actes, par Néricault-Destouches de l'Académie françoise. *A Paris*, 1727, in-8, mar. vert, jans. dent. int. tr. dor. *(Chambolle-Duru.) (Édition originale.)*

8° Le Glorieux, comédie en vers, en cinq actes, par M. Néricault-Destouches. *A Paris, chez François Le Breton*, 1732. — Dissertation critique sur la comédie du Glorieux et sur celle de la critique. *Paris, Vᵛᵉ Guillaume*, 1732. Ensemble 2 ouvrages en 1 vol. in-12, mar. vert, dent. int. tr. dor. *(Thivet.) (Édition originale.)*

9° L'Obstacle imprévu ou l'Obstacle sans obstacle, comédie en cinq actes, par M. Néricault-Destouches. *A Paris, chez Prault père*, 1734, in-12, mar. vert, fil. tr. dor. *(Thivet.) (Édition originale.)*

10° La Fausse Agnès ou le Poëte campagnard, comédie en prose en trois actes, par M. Néricault-Destouches. *A Paris, chez Prault père*, 1736, in-12, mar. vert, dent. int. tr. dor. *(Thivet.) (Édition originale.)*

11° L'Envieux ou la Critique du philosophe marié, comédie en un acte, par M. Néricault-Destouches. *A Paris, chez Prault père*, 1736, in-12, de 45 pp. parch. *(Édition originale).*

12° Le Dissipateur, ou l'Honneste Friponne, comédie, par Néricault-Destouches. *A Paris, chez Prault père*, 1736, in-12, mar. vert, fil. à froid, dent. int. tr. dor. *(Édition originale.)*

13° L'Ambitieux et l'Indiscrette, tragi-comédie, par M. Néricault-Destouches. *A Paris, chez Prault père*, 1737, in-12, parch. *(Édition originale.)*

14° La Belle Orgueilleuse ou l'Enfant gâté, comédie en vers et en un acte, par M. Néricault-Destouches. *A Paris, chez Prault père*, 1741, in-12 de 55 pp. parch. *(Édition originale.)*

15° L'Amour usé, comédie en cinq actes et en prose, par M. Néricault-Destouches. *A Paris, chez Prault père*, 1742, in-12, parch. *(Édition originale.)*

511. La Surprise de l'Amour, comédie, par M. de Marivaux. *Paris, A. Gandouin*, 1723. In-12, mar. rouge, jans. tr. dor.

Édition originale.

512. Le Jeu de l'Amour et du Hazard, comédie en trois actes. *Paris, Briasson,* 1730. In-12, mar. rouge, jans. dent. int. tr. dor. (*Cuzin.*)

Édition originale. Rare.

513. Les Sermens indiscrets, comédie de M. de Marivaux. *Paris, Prault,* 1732. In-12, mar. rouge, jans. dent. int. tr. dor. (*Thivet.*)

Édition originale.

514. Le Triomphe de l'Amour, comédie de M. de Marivaux. *Paris, Prault,* 1732. In-12, mar. rouge, jans. tr. dor. (*Thivet.*)

Édition originale.

515. L'École des Mères, comédie de M. de Marivaux. *Paris, Prault,* 1732. In-12, mar. rouge, jans. tr. dor. (*Thivet.*)

Édition originale.

516. La Joye imprévue, comédie de M. de Marivaux. *A Paris, Prault,* 1738. In-12, mar. rouge, jans. dent. int. tr. dor. (*Thivet.*)

Édition originale.

517. La Méprise, comédie de M. de Marivaux. *Paris, Prault,* 1739. In-12, mar. rouge, jans. tr. dor. (*Thivet.*)

Édition originale.

518.

LE LEGS,

COMEDIE

EN UN ACTE,

DE MONSIEUR M**

A PARIS,

Chez P R A U L T, Fils, Quay de Conty,
vis-à-vis la defcente du Pont-Neuf,
à la Charité.

M. D C C. XXXVI.

Avec Approbation, & Privilege du Roy

In-12, mar. rouge, jans. dent. int. tr. dor. (*Cuzin.*)
Édition originale. Bel exemplaire.

519. Œuvres de M. de Nivelle de la Chaussée, de l'Académie françoise. Nouvelle édition, corrigée, augmentée de plusieurs pièces qui n'avaient point encore
paru. *Paris*, 1762. 5 vol. in-12, mar. vert, fil. tr.
dor. (*Rel. anc.*)

520. Le Préjugé a la mode, comédie en vers et en cinq
actes, par M. Nivelle de la Chaussée. *A Paris, chez
Le Breton*, 1735. In-12 parch. (*Édition originale.*)

521. Mélanide, comédie nouvelle de M. de La Chaussée, en cinq actes et en vers.*A Paris, chez Prault fils,*
1741. In-12, veau gris, fil. à froid sur les plats, dent.
int. tr. dor. (*Thivet.*)

522. L'École des Mères, comédie nouvelle, de M. Nivelle de la Chaussée, en cinq actes et en vers. *A Paris, chez Prault fils,* 1745. In-12 veau gris, fil. à
froid sur les plats, dent. int. tr. dor. (*Thivet.*)

523. La Gouvernante, comédie nouvelle en cinq actes
et en vers, par M. Nivelle de la Chaussée. *A Paris,
chez Prault fils,* 1747. In-12, demi-rel. mar. rouge,
tr. jasp.

524. Le Méchant, comédie en cinq actes, en vers, par
M. Gresset. *Paris*, 1747. In-12, mar. bleu, jans. tr.
dor. (*Thivet.*)
    Édition originale.

525. Œuvres de théatre de M. Piron. *A Paris, chez
Prault fils,* 1741. In-8, veau brun, fil. dos orn. dent.
int. tr. dor. (*Thivet.*)
    Recueil factice contenant les pièces suivantes en éditions
    originales :
    Les Fils ingrats, comédie. — Calisthène, tragédie. —
    Gustave, tragédie. — Les Courses de Tempé, pastorale. — La
    Métromanie, comédie.

526. CRÉDIT EST MORT, opéra-comique en un acte (par Piron). *S. l. n. d.* Manuscrit in-8, v. ant.

PRÉCIEUX MANUSCRIT AUTOGRAPHE.

527. La Zaïre de M. de Voltaire. *Rouen et Paris, J.-B. Bauche,* 1733. Petit in-8, mar. rouge, fil. (*Rel. anc.*)

Édition originale. Portrait ajouté.

528. La Princesse de Navarre, comédie-ballet (par Voltaire). *Paris,* 1745. In-8, front. grav. v. fauv. ant. tr. roug.

Édition originale.

529. LES SCYTHES, tragédie, par M. de Voltaire. *Paris,* 1767. In-8, mar. rouge, dos orn. fil. dent. tr. dor. (*Belz-Niedrée.*)

530. LE PÈRE DE FAMILLE, comédie en cinq actes et en vers, avec un discours sur la poésie dramatique (par Diderot). *Amsterdam,* 1757. In-8, v. marbr.

Première édition.

531. LE FILS NATUREL, ou les Épreuves de la Vertu, comédie en cinq actes et en prose, avec l'histoire véritable de la pièce (par Diderot). *Amsterdam,* 1757. In-8, veau écaille, fil. tr. rouge.

Édition originale.

532. LE THÉATRE DE M. SEDAINE. *Paris,* 1758-71. 17 pièces en 4 vol. in-8, v. mar. tr. roug.

Éditions originales.

533. L'AMI DE LA MAISON, comédie en trois actes et en vers, mêlée d'ariettes, par M. Marmontel. *Paris, Imprimerie de Pierre-Christophe Ballard,* 1772.

In-8 de 46 pp. mar. rouge, fil. tr. dor. (*Reliure du temps*.)

534. Beaumarchais (Mémoires de M. Caron de). *S. l. n. d.* 3 vol. in-8, v. fauv. dos orn. fil. tr. dor. un portr. et deux frontisp. de Marillier, n. signés.

> Les deux premiers volumes sont conformes à la description qu'en donne Cohen ; le troisième volume porte le titre suivant : *Œuvres complètes de Monsieur de Beaumarchais*, contenant ses pièces de théâtre et sa lettre modérée sur la chute et la critique du *Barbier de Séville: Amsterdam, Merkus,* 1775. Ces pièces de théâtre sont : *les Deux Amis, Eugénie* et *le Barbier de Séville.*

535. LA FOLLE JOURNÉE ou le Mariage de Figaro, comédie en cinq actes, en prose, par M. de Beaumarchais. *De l'imprimerie de la Société littéraire typographique, et se trouve à Paris, chez Ruault, libraire,* 1785. Gr. in-8, figures de Saint-Quentin, grav. Liénard, Halbou et Lingé, v. fauv. dos orn. tr. dor. (*Rel. anc.*)

536. TARARE, opéra en cinq actes et un prologue (par M. Caron de Beaumarchais.) *A Paris, imprimerie de P. de Lormel,* 1787. In-8, cart. perc. rouge, n. rog. (Édit. orig.)

537. CHARLES IX, ou l'École des rois, tragédie par Marie-Joseph de Chénier. *A Paris, chez Bossange,* 1790. In-8, 3 figures par Borel, gravées par Berthet et Delignon, 77 pp. parch. à recouvr, n. rogn.

> Édition originale.

538. THÉÂTRE DE L.-B. PICARD. En 5 vol. in-8, v. rac. dos orn.

> Recueil factice composé d'environ 40 pièces parues de 1793 à 1811, presque toutes en éditions originales.

5. ROMANS ET CONTES.

I. ROMANS GRECS ET LATINS.

539. Les Amours pastorales de Daphnis et Chloé (traduit du grec de Longus, par J. Amyot). *S. l.* (*Paris*),
1718. Petit in-8, front. et figures grav. par Audran,
d'après les dessins de Philippe, duc d'Orléans, mar.
rouge, dos orn. fil. tr. dor. (*Anc. rel.*)

> Édition dite du Régent. Avec la 29ᵉ gravure intitulée: *Con-*
> *clusion du roman.*

540. Les Amours pastorales de Daphnis et Chloé, par
Longus, double traduction du grec en françois, de
M. Amiot et d'un anonyme, mises en parallele et ornées des estampes originales du fameux B. Audran,
gravées aux dépens du feu duc d'Orléans, régent de
France, sur les tableaux inventés et peints de la main
de ce grand prince, avec un frontispice de Coypel,
et autres vignettes et culs-de-lampe, gravés par Focke,
sur les dessins de Cochin et d'Eisen. *A Paris, im-*
primé pour les Curieux, 1757. In-4, texte encadré,
mar. rouge, dos orn. fil. tr. dor. (*Derome.*)

> Bel exemplaire.

541. AMOURS DE THÉAGÈNE ET DE CHARI-
CLÉE, histoire éthiopique (par Héliodore). *A*
Londres (*Paris*), 1743. 2 tomes en un vol. in-12,
front. et figures, mar. vert, fil. tr. dor. (*Derome.*)

> Superbe exemplaire tant pour la conservation de la reliure
> que pour la beauté des épreuves.
> De la bibliothèque de Charles Nodier, avec son ex-libris.

11

2. ROMANS FRANÇAIS.

a. Romans de divers genres.

542.

LA VIE
INESTIMABLE
du grand Gargantua,
pere de Pāragruel,
iadis cōpofee par
L'abſtracteur
de quinte
eſſen=
ce.
Liure pléin de pantagruelifme.
M.D.XXXVII.
On les vend a Lyon cĥés fran
coys Juſte, deuant noſtre
Dame de Confort.

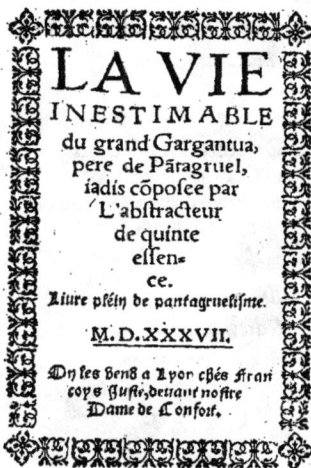

In-16 goth. de 119 ff. maroq. citron, dos et milieux
des plats orn. tr. dor. (*Trautz-Bauzonnet.*)

ÉDITION PRÉCIEUSE, qui reproduit textuellement en
56 chapitres le texte de l'édition du même *Francois Juste*.
1535.

Charmant exemplaire.

543.

LE
QVART LI-
VRE DES FAICTS
*& dictz Heroiques du
. bon Pantagruel.*

Compofé par M. Françoys Rabelais Docteur en Medicine.

➤ Auec vne briefue declaration d'aucunes
dictions plus obfcures contenues
en cedict liure.

*Nouuellement reueu & corrigé,
par ledict autheur, pour la
deuxiefme edition.*

1 5 5 3.

Pet. in-8, mar. rouge, jans. doublé de maroq. olive
avec richès compart. dorés à la fanfare. (*Chambolle-
Duru*, dorure de *Marius Michel*.)

Une des premières éditions du quart livre.
Très bel exemplaire.

544. LA PLAISANTE ET JOYEUSE HISTOYRE du grand geant
Gargantua, prochainement reveue et de beaucoup
augmentée par l'autheur mesme. *A Valence, chez
Claude La Ville*, 1547. — SECOND LIVRE DE PANTA-

GRUEL, etc. *Valence,* 1547. — TIERS LIVRE DES FAICTS et dictz héroïques du noble Pantagruel, composé par M. Fr: Rabelais. *Valence,* 1547. Ens. 3 parties en 1 vol. in-16, figures sur bois, mar. rouge, fil. tr. dor. (*Rel. anc.*)

Réimpression faite à la fin du XVIᵉ siècle, de la rarissime édition de Valence.

545. ŒUVRES DE MAITRE FRANÇOIS RA- BELAIS, avec des remarques historiques et cri- tiques de M. Le Duchat. Nouvelle édition, ornée de figures de B. Picart, etc. *Amsterdam,* 1741. 3 vol. in-4, portr. front. grav. et figures, v. marbr.

546. LES EPISTRES de maistre François Rabelais, doc- teur en médecine, escrites pendant son voyage d'Ita- lie, nouvellement mises en lumière avec des obser- vations historiques (par MM. de Sainte-Marthe), et l'abrégé de la vie de l'autheur. *Paris, Charles de Sercy,* 1651. In-8, portrait, mar. rouge, fil. dos orn. tr. dor. (*Thibaron-Echaubard.*)

547. LETTRES à Son Altesse Monseigneur le Prince de *** sur Rabelais et sur d'autres auteurs, accusés d'avoir mal parlé de la religion chrestienne (par Vol- taire). *A Amsterdam,* 1767. In-8, mar. rouge, fil. tr. dor. (*Rel. anc.*)

548. HISTOIRE COMIQUE de Francion, en laquelle sont découvertes les plus subtiles finesses et trompeuses inventions, tant des hommes que des femmes, de toutes sortes de conditions et d'âges. *Paris, chez Pierre Billaine,* 1623. Petit in-8, v. fauv. dos orn. fil. tr. dor. (*Petit.*)

Édition originale.

549.

LA RELATION
DE
L'ISLE IMAGINAIRE,
ET
L'HISTOIRE
DE LA PRINCESSE
DE
PAPHLAGONIE.

M. DC. LIX.

In-8, mar. citron, fil. dent. int. tr. dor. (*Trautz-Bau-zonnet.*)

Par mademoiselle Anne-Marie-Louise, duchesse de Montpensier.

Superbe exemplaire de l'ÉDITION ORIGINALE imprimée à
Bordeaux par les soins de Segrais et tirée à CENT EXEMPLAIRES
pour MADEMOISELLE ET SES AMIS.

550. Celinte, nouvelle (par Mlle de Scudéry). *Paris, Augustin Courbé*, 1661. In-8, frontisp. grav. par Chauveau, mar. bleu, fil. tr. dor. (*Anc. rel.*)

Exemplaire aux armes de la comtesse de VERRUE.

551. Mathilde (d'Aguilar), dédiée à Monsieur, frère unique du roy (par Mlle de Scudéry). *Paris, Martin*, 1667. In-8, front. grav. par Chauveau, v. marbr. tr. dor. (*Padeloup.*)

Aux armes du duc d'Aumont. Exemplaire du prince Radziwill. — Raccommodage au titre.

552. LE ROMAN BOURGEOIS, ouvrage comique (par Furetière). *A Paris, chez Thomas Jolly*, 1666. In-8, front. gr. mar. vert, dos orn. fil. tr. dor. (*Rel. anc.*)

Édition originale. Exemplaire aux armes de Mme la duchesse de Grammont, née Choiseul.

553. LES AVENTURES DE M. D'ASSOUCY. *A Paris, chez Claude Audinet*, 1677. 2 tomes en 1 vol. in-12, portrait, mar. bleu, dent. int. tr. dor. (*Belz-Niedrée.*)

Édition originale. D'Assoucy a inséré dans le récit de ses aventures un bon nombre de vers, parmi lesquels se trouve la pièce célèbre qu'il fit en quittant Montpellier : *Pourquoi donc, sexe au teint de rose...* Livre recherché et contenant des détails curieux sur Molière dont d'Assoucy suivit la troupe dans le Midi, pendant quelque temps.

554. AMOURS des dames illustres de France sous le règne de Louis XIV. *A Cologne, chez Pierre Marteau, s. d.* (1734). 2 vol. pet. in-12, fig. cuir de R. fil. tr. dor. (*Thouvenin.*)

555. LES AMOURS de Psyché et de Cupidon, par M. de la Fontaine. Nouvelle édition, avec figures dessinées par Binet, gravées par Blanchard. *Paris, imprimerie de Patris*, 1796. Pet. in-12, mar. rouge, fil. tr. dor. (*Reliure anc.*)

556.   # LES AMOURS

DE

PSICHE

ET DE

CUPIDON.

Par M. DE LA FONTAINE.

A PARIS,

Chez CLAUDE BARBIN, au Palais
fur le Perron de la Sainte Chapelle.

M. DC. LXIX.
AVEC PRIVILEGE DV ROY.

In-8, v. fauve, fil. (*Rel. anc.*)
Bel exemplaire de l'ÉDITION ORIGINALE.

557.

ZAYDE
HISTOIRE
ESPAGNOLE,
PAR MONSIEVR
DE SEGRAIS.

AVEC VN TRAITTE'
de l'Origine des Romans,
Par MONSIEVR HVET.

A PARIS,
Chez CLAVDE BARBIN, au Palais,
fur le fecond Perron de la Sainte
Chappelle.

M. DC. LXX.
AVEC PRIVILEGE DV ROY.

2 vol. in-8, mar. rouge, jans. doublé de maroq. vert,
large dent. int. tr. dor. (*Chambolle-Duru.*)

Édition originale.

558.

LA
PRINCESSE
DE
CLEVES.
TOME I.

A PARIS,

Chez CLAVDE BARBIN , au Palais,
sur le second Perron de la Sainte
Chapelle.

M. DC. LXXVIII.

AVEC PRIVILEGE DV ROY.

4 tomes en 2 vol. in-12, mar. rouge doublé de mar.
vert, large dent. tr. dor. (*Chambolle-Duru.*)
Édition originale.

559. SUITE DU QUATRIEME LIVRE
DE L'ODYSSEE
D'HOMERE
o v
LES AVANTURES
DE
TELEMAQUE
FILS D'ULYSSE.

A PARIS,
Chez la Veuve de CLAUDE BARBIN,
au Palais, fur le fecond Perron de
la fainte Chappelle.

M. DC. XCIX.
Avec Privilege du Roy

In-12, mar. rouge, dos orné, fil. dent. int. tr. dor.
(*Cuzin.*)

ÉDITION ORIGINALE FORT RARE, de ce fragment de

Télémaque; elle se reconnaît à la manière dont le mot *Odyssée* est orthographié au titre courant du texte. On lit *Odicée* jusqu'à la page 120, *Odissée* jusqu'à la page 168, et ensuite jusqu'à la fin *Odyssée*. Très bel exemplaire.

560. LES AVANTURES DE TÉLÉMAQUE, fils d'Ulysse, par feu messire François de Salignac de La Motte Fénelon. *A Paris, chez Florentin Delaulne,* 1717. 2 vol. in-12, portr. et figures, mar. brun, jans. dent. int. tr. dor. *(Chambolle-Duru.)*

  Édition originale. Très bel exemplaire. Hauteur : 169 mill.

561. Les Aventures de Télémaque, fils d'Ulysse, par M. de Fénelon. *A Paris, de l'imprimerie de Crape-let,* 1795. 4 vol. in-18, portr. par Vivien et 24 figures de Lefèbvre, mar. vert, fil. tr. dor. *(Rel. anc.)*

562. Histoire de Mme Henriette d'Angleterre, première femme de Philippe de France, duc d'Orléans, par Mme Marie de la Vergne, comtesse de la Fayette. *Amsterdam,* 1720. In-12, frontisp. v. br.

  Édition originale.

563. Mémoires de la cour de France pour les années 1688 et 1689, par Mme la comtesse de la Fayette. *A Amsterdam,* 1731. In-12, frontisp. grav. veau fauve.

  Édition originale.

564. Le Prince de Condé (par Boursault). *A Paris, chez Claude Barbin (Amsterdam, à la Sphère),* 1675. Pet. in-12, v. fauv. dos orn. fil. tr. dor. *(Petit.)*

565. Voyage de Chapelle et Bachaumont. *Londres (Paris, Cazin),* 1782. In-18, fig. mar. vert, fil. tr. dor. *(Ancienne reliure.)*

566.

LE

DIABLE

BOITEUX.

A PARIS,

Chez la Veuve B A R B I N , au Palais, fur
le Perron de la fainte Chapelle.

M. DCCVII.

AVEC PRIVILEGE DU ROY.

In-12, front. gravé, maroq. rouge, dos orné, fil.
dent. int. tr. dor. (*Cuzin.*)

ÉDITION ORIGINALE. Superbe exemplaire. De la bibliothèque du comte de Sauvage.

567.

HISTOIRE
DE
GIL BLAS
DE SANTILLANE.

Par Monfieur LE SAGE.

Enrichie de Figures.

TOME PREMIER.

A PARIS,
Chez PIERRE RIBOU, Quay des
Auguftins, à la Defcente du Pont Neuf,
à l'Image faint Loüis.

M. DCC. XV.
Avec Approbation, & Privilege du Roy.

pour les tomes 1 et 2, 1724 pour le tome 3 et 1735
pour le tome 4. Ensemble 4 vol. in-12, figures, maroq. bleu, dos orné, fil. doublé de maroq. rouge,
large dent. à petits fers, tr. dor. (*Cuzin-Maillard*.)

ÉDITION ORIGINALE, d'une extrême rareté, de chacune
des parties parues successivement. Superbe exemplaire.

568. HISTOIRE DE GIL BLAS DE SANTILLANE, par M. Le
Sage. Dernière édition, revue et corrigée. *A Paris,
par les libraires associés,* 1747. 4 vol. in-12, figur.
veau fauve, ant. (*Reliure ancienne.*)

Dernière édition, publiée par l'auteur. Bel exemplaire.
Hauteur : 165 millimètres.

569. HISTOIRE DE GUZMAN d'ALFARACHE, nouvellement
traduite et purgée des moralités superflues, par M. Le
Sage. *A Paris, chez Estienne Ganeau,* 1732. 2 vol.
in-12, fig. de Scotin.

Edition originale.

570. LES AVANTURES DE M. ROBERT CHEVALIER, dit de
Beauchêne, capitaine de flibustiers dans la nouvelle
France, rédigées par M. Le Sage. *A Paris, chez
Estienne Ganeau,* 1732. 2 vol. in-12, figures, v. fauv.
(*Aux chiffres de Rohan-Soubise.*)

Édition originale.

571. HISTOIRE D'ESTEVANILLE GONZALEZ, surnommé le
Garçon de Bonne-Humeur. *A Paris,* 1734-1741.
2 vol. in-12, figures, mar. rouge, dos orn. fil. dent.
int. tr. dor. (*Cuzin.*)

Édition originale.

572. UNE JOURNÉE des Parques, divisée en deux
séances, par M. Le Sage. *A Paris, chez P.-J. Ribou,*
1735. In-12, front, gr. cart.

Édition originale.

573. LE BACHELIER DE SALAMANQUE, ou les Mémoires
de D. Chérubin de la Ronda, tirés d'un manuscrit
espagnol, par M. Le Sage. *A Paris, chez Valleyre*

fils et Gissey, 1736-38. 2 vol. in-12, figures, mar.
rouge, dos orn. fil. dent. int. tr. dor. (*Trautz-Bauzonnet.*)

Édition originale des deux volumes. Superbe exemplaire.

574. La Valise trouvée, première partie (et seconde).
S. l. (Paris, Prault), 1740. In-12, mar. rouge, dos
orn. fil. dent. int. tr. dor. (*Cuzin.*)

Édition originale. Très bel exemplaire.

575. Meslange amusant de saillies d'esprit et de traits
historiques des plus frappans, par M. Le Sage. *A
Paris, chez Prault,* 1743. In-12, mar. viol. dent. int.
tr. dor. (*Brany.*)

Édition originale.

576. Mémoires de la vie du comte de Grammont, contenant particulièrement l'histoire amoureuse de la
cour d'Angleterre sous le règne de Charles II (par
le comte A. Hamilton). *A Cologne, chez Pierre
Marteau,* 1713. In-12, v. br.

Édition originale.

577. Le Temple de Gnide (par Montesquieu). *A Paris,
chez Simart,* 1725, In-12, mar. brun, jans. dent. int.
(*Thivet.*)

Édition originale. Exemplaire non rogné.

578. Le Temple de Gnide, suivi de Cephise et l'Amour,
et de Arsace et Ismenie (par Montesquieu). *A Paris,
de l'imprimerie de Didot le Jeune,* et se trouve *chez
Bozérian,* 1795. Petit in-12, pap. vélin, figures avant
la lettre, de Regnault et de Le Barbier, mar. bleu,
dos orn. dent. tr. dor. (*Bozérian.*)

579. ARSACE ET ISMÉNIE, histoire orientale, par M. de Montesquieu. *A Londres, et se trouve à Paris, chez G. de Bure,* 1783. Petit in-12, réglé, mar. rouge, jans. tr. dor. (*Petit.*)

Exemplaire sur papier vélin.

580. MÉMOIRES ET AVANTURES D'UN HOMME DE QUALITÉ qui s'est retiré du Monde. *A Amsterdam, aux dépens de la compagnie,* 1731. 7 vol. petit in-12, mar. bleu, jans. dent. int. tr. dor. (*Thibaron-Joly.*)

Bel exemplaire. Le tome septième, qui contient l'ÉDITION ORIGINALE DE MANON LESCAUT, est doublé de mar. orange.

581. HISTOIRE DE MANON LESCAUT et du chevalier des Grieux, par l'abbé Prévost. *A Paris, de l'imprimerie de P. Didot l'aîné,* 1797. 2 vol. petit in-12, papier vélin, figures de Lefèvre, mar. vert, dent. tr. dor. (*Reliure anc.*)

582. LA VIE DE MARIANNE, ou les Avantures de Mme la comtesse de ***, par M. de Marivaux. *A Londres (Paris, Cazin),* 1782. 4 vol. in-18, figures, mar. rouge, fil. tr. dor. (*Rel. anc.*)

583. LES SONNETTES, ou Mémoires du marquis D*** (par Guiard de Servigné). Nouvelle édition, corrigée et augmentée de pièces neuves et intéressantes, avec de jolies figures en taille-douce. *A Berg-op-Zoom,* 1751. 2 parties en 1 vol. in-12, figur. mar. vert, tr. dor.

584. COLLECTION COMPLETTE des œuvres de M. de Crébillon le fils. *Londres,* 1772. 7 vol. in-12, v. marbr.

585. LES AMOURS de Mirtil. *Constantinople,* 1761. In-

8, titre grav. avec fleuron et figures par Legrand, dessinés par Gravelot, v. ant. tr. marbr.

586. Romans et Contes de M. de Voltaire. *A Bouillon, aux dépens de la Société bibliographique,* 1778. 3 vol. in-8, portr. et figures de Marillier, Monnet, Moreau, etc. veau, fil. tr. dor. *(Reliure anc.)*

587. CANDIDE, ou l'Optimisme (par M. de Voltaire), traduit de l'allemand de M. le docteur Ralph. *S. l.* 1759. 2 tomes en 1 vol. in-12, demi-rel. bas. tr. jasp.

Édition originale.

588. LES SINGULARITÉS DE LA NATURE, par Voltaire. *Au château de Ferney,* 1769. In-8, demi-rel. mar. citron, tête dor. ébarb. *(Petit.)*

589. CAQUET-BONBEC, la Poule à ma tante (par de Junquières). *S. l. (Paris),* 1763. In-12, figure de Gravelot, v. br.

590. LES BIJOUX INDISCRETS (par Diderot). *Au Monomotapa, s. d. (Paris,* 1748). 2 vol. pet. in-8, figures, v. marbr. *(Édit. orig.)*

591. EXEMPLE singulier de la vengeance d'une femme, conte moral. *Londres,* 1793. In-12, demi-rel. avec coins, mar. rouge, dos orn. fil. tête dor. ébarbé. *(Belz, successeur de Niedrée.)*

Ouvrage posthume de Diderot.

592. JACQUES LE FATALISTE et son maître, par Diderot. *Paris,* 1797. 4 tomes en 2 vol. in-18, figur. demi-rel. mar. rouge, tr. dor.

12

593. LE CHARTREUX, par Diderot. *A Paris*, 1797.
3 tomes en 1 vol. in-18, figures, demi-rel. mar.
rouge, tr. dor.

594. JULES ET SOPHIE, ou le Fils naturel, par Diderot.
A Paris, an V. 2 vol. in-8, vél. blanc, n. rog.

595. LA RELIGIEUSE, par Diderot. Nouvelle édition
ornée de figures et où l'on trouve une conclusion. *A
Paris, chez Deroy, an VII* (1799). 2 tomes en 1 vol.
in-8, portrait et 4 figures par Le Barbier, gravés par
Dupréel et Giraud, demi-rel. bas. tr. jasp.

Bel exemplaire avec les figures AVANT ET AVEC LA LETTRE.

596. AUX MANES DE DIDEROT (par J.-H. Meister).
Londres et Paris, chez Volland, 1788. — Regrets sur
ma vieille robe de chambre, par M. Diderot; Avis à
ceux qui ont plus de goût que de fortune. *S. l.*, 1772.
Ens. 2 ouvrages en 1 vol. in-12, cart. n. rog.

597. LE COUSIN DE MAHOMET, ou la Folie salutaire, ouvrage moral (par Fromaget). *A Constantinople* (*Paris*), 1770. 2 tomes en 1 vol. in-12, front. grav. et figures, cart. n. rog.

598. LE COMPÈRE MATTHIEU, ou les Bigarrures de
l'esprit humain. *Paris*, 1796. 3 vol. in-8, figures, v.
écaille, fil. tr. dor.

599. LETTRES D'UNE PÉRUVIENNE, par Mme de Graffigny.
Paris, de l'imprimerie de P. Didot l'aîné, 1797.
2 vol. in-18, figures de Lefebvre, v. écaill. fil. tr.
dor.

600. HISTOIRE DE GÉRARD DE NEVERS et la de belle Eu-
riant, sa mie, par Tressan. Édition ornée de figures en

taille-douce dessinées par Moreau le jeune. *A Paris, de l'imprimerie de Didot jeune*, 1792. Petit in-12, papier vélin, mar. rouge, dent. tr. dor. (*Reliure ancienne.*)

601. LETTRES DE DEUX AMANS, habitans d'une petite ville au pied des Alpes, recueillies et publiées par J.-J. Rousseau. *Amsterdam, chez Marc-Michel Rey*, 1761. 5 tomes en 3 vol. in-12, fig. de Gravelot gravées par Aliamet, Choffart, Flipart, Lemire, Lempereur, de Longueil, l'Ouvrier et de Saint-Aubin, mar. vert, dent. int. tr. dor.

ÉDITION ORIGINALE DE LA NOUVELLE HÉLOISE. Exemplaire réglé.

602. BÉLISAIRE, par M. Marmontel. *A Londres (Paris, Cazin)*, 1780. In-18, figures, mar. rouge, fil. tr. dor. (*Rel. anc.*)

603. LE PAYSAN PERVERTI, ou les Dangers de la ville, histoire récente mise au jour d'après les véritables lettres des personnages (par Rétif de la Bretonne). *La Haye et Paris*, 1776. 4 vol. in-12, frontisp. et figures de Binet, v. écaille.

Bel exemplaire de la bibliothèque du docteur Desbarreaux-Bernard.

604. LA PAYSANNE PERVERTIE, ou les Dangers de la ville; histoire d'Ursule R***, sœur d'Edmond le Paysan, mise au courant d'après les véritables lettres des personnages. *A la Haye, et se trouve, à Paris, chez la dame veuve Duchesne*, 1784. 4 vol. in-12, frontisp. et figures, v. marbr.

Première édition. Très belles épreuves de figures.

605. JOSEPH, par M. Bitaubé. *A Paris, de l'imprime-*

rie de Didot, 1786. 2 vol. in-18, papier vélin, 9 figures de Marillier, v. écaille, fil. tr. dor.

606. Le Voyageur sentimental, ou ma promenade à Yverdun, par M. Vernes le fils. *Londres (Paris, Cazin)*, 1786. In-18, figure, mar. rouge, fil. tr. dor. (*Rel. anc.*)

607. Paul et Virginie, par Jacques-Bernardin-Henri de Saint-Pierre, avec figures. *Paris, de l'imprimerie de Monsieur,* 1789. In-18, papier écu fin d'Essone, fig. de Moreau, mar. rouge, dos orn. larg. dent. sur les plats, tr. dor. (*Bozérian jeune*).

608. Les Amours du chevalier de Faublas, par J.-B. Louvet, troisième édition. *A Paris, an VI.* 4 vol. in-8, figures par Demarne, Dutertre, Mlle Gérard, Marillier, Monsiau et Monnet, v. marbr.

b. Contes et Nouvelles. — Contes de fées.

609. LES CENT NOUVELLES. S'ensuyvent les Cēt nouvelles cōtenant cent histoires ou nouveaux cōptes plaisans. *Imprimé nouvellement à Lyon par Olivier Arnoullet.* In-4, figures sur bois, mar. rouge, dos orn. tr. dor. (*Chambolle-Duru.*)

Édition très rare, imprimée vers 1530.

610. LES CENT NOUVELLES NOUVELLES. Suivent les cent nouvelles... contenant les cent histoires nouveaux (*sic*) qui sont moult plaisants à raconter en toutes bonnes compagnies. *Cologne, P. Gaillard,* 1701. 2 vol. petit in-8, fig. de Romain de Hooghe, mar. rouge, fil. tr. dor. (*Anc. rel.*)

Bel exemplaire. — Les figures sont tirées à part du texte. Superbes épreuves.

HISTOIRES
DES AMANS
FORTVNEZ.

Dediées à tresillustre Princesse Madame Marguerite
de Bourbon, Duchesse de Niuernois.

A PARIS,

Pour Gilles Robinot libraire, tenant sa boutique au
Palais, en la gallerie par ou on va
à la chancellerie.

1 5 5 8.

Auec priuilege du Roy.

In-4, vélin, tr. dor. (*Reliure du temps.*)

ÉDITION ORIGINALE, très rare, de l'HEPTAMRÉON.
Très bel exemplaire de la bibliothèque Solar, incomplet de
2 feuillets.

612. L'HEPTAMÉRON DES NOUVELLES de
très illustre princesse Marguerite de Valois, royne
de Navarre, remis en son vray ordre, confus aupara-
vant en sa première impression et dédiée à très
illustre et très vertueuse princesse Jeanne de Foix
(Jeanne d'Albret), royne de Navarre, par Claude
Gruget, Parisien. *A Paris, pour Vincent Sertenas,*
1559. In-4, réglé, de 5 ff. prélim. et 212 ff. chiffrés,
et 2 ff. non chiffrés, mar. bleu. riche dent. de feuillages, rinceaux à petits fers, dos orn. de feuillages et
entrelacs, doublé de mar. orange, semis de marguerites et de fleurs de lis, tranch. ciselée. (*Lortic.*)

Seconde édition de l'*Heptaméron,* mais la première offrant
un texte authentique et qui renferme les 72 nouvelles.
Superbe exemplaire. Chef-d'œuvre de reliure.

613. HEPTAMÉRON FRANÇOIS. Les Nouvelles
de Marguerite, reine de Navarre. *Berne,* 1780.
3 vol. in-8, figures de Freudenberg, mar. rouge, fil.
tr. dor. (*Anc. rel.*)

Exemplaire de premier tirage portant sur un feuillet de
garde l'*ex libris* de GABRIEL CRAMER et le nom de FREUDENBERG
sur le dos de la reliure. Cet exemplaire paraît être celui de
l'artiste.

614. CONTES ET NOUVELLES de Marguerite de
Valois, reine de Navarre, mis en beau langage accom-
modé au goût de ce temps, et enrichis de figures en
taille-douce. *Amsterdam, chez Georges Gallet,* 1698.
2 vol. petit in-8, mar. rouge, fil. tr. dor. (*Rel. anc.*)

Premier tirage des figures de Romain de Hooghe.

615.

EX AEQVITATE, ET — PRVDENTIA. HONOS.

In-8, mar. rouge, fil. dos orné, dent. int. tr. dor.
(*Bauzonnet-Trautz.*)

ÉDITION ORIGINALE, fort rare. Bel exemplaire provenant
des bibliothèques de M. le baron Pichon et de M. Paradis.

616. LES NOUVELLES RÉCRÉATIONS et ioyeux devis de feu Bonauenture des Periers, valet de chambre de la royne de Nauarre. *A Lyon, par Noël Brun,* 1616. In-16, mar. rouge, dos orn. fil. tr. dor. (*H. Duru.*)

617. LES CONTES ET DISCOURS d'Eutrapel, par le feu seigneur de la Herissaye, gentil-homme breton. *A Rennes, pour Noel Glamet,* 1692. In-12, mar. rouge, fil. tr. dor.

618. LES NEUF MATINÉES du seigneur de Cholières, dédiées à Mᵍʳ de Vendosme. *A Paris, chez Jean Richer,* 1585. In-8, veau ant. tr. marbr.

Édition originale.

619. GRISELIDIS nouvelle, avec le conte de Peau d'Asne et celuy des Souhaits ridicules (par M. Perrault). *A Paris, chez Jean-Bapt. Coignard,* 1695. In-8, veau fauv. tr. dor. (*Petit.*)

620. HISTOIRE de Fleur d'Épine, conte, par M. le comte Hamilton. *A Paris,* 1730. In-12, veau fauve, tr. rouge.

Édition originale.

621. LE BÉLIER, conte, par M. le comte Antoine Hamilton. *A Paris,* 1730. In-12, v. brun.

Édition originale.

622. LES QUATRE FACARDINS, conte, par M. le comte A. Hamilton. *Paris,* 1730. In-12, v. fauve.

Édition originale.

623. CONTES ORIENTAUX, tirés des manuscrits de la Bibliothèque du roi de France (par le comte de Caylus).

La Haye (Paris), 1743. 2 vol. in-12, figures, mar. vert, fil. tr. dor. (*Rel. anc.*)

624. CONTES MORAUX, par M. Marmontel, de l'Académie françoise. *A Paris*, 1765. 3 vol. in-8, tit. gravés et fig. de Gravelot, veau écaille, fil. tr. dor.

Bel exemplaire de premier tirage, avec les errata.

3. ROMANS ET CONTES ÉTRANGERS.

625. LE DÉCAMÉRON DE JEAN BOCCACE (traduit par Ant. Le Maçon). *Londres (Paris)*, 1757-1761. 5 vol. in-8, portrait, figures et culs-de-lampe de Gravelot, Boucher, Eisen, etc., grav. par Le Mire, etc., mar. rouge, dos orn. fil. tr. dor. (*Rel. anc.*)

Superbe exemplaire avec la suite des vingt figures doubles et leur titre : *Estampes galantes.*

626. LES CONTES DE POGGE, Florentin, avec des réflexions. *A Amsterdam, chez Jean-Frédéric Bernard*, 1712. Pet. in-12, frontisp. mar. vert, fil. tr. dor. (*Derome.*)

Très bel exemplaire.

627. EL INGENIOSO Hidalgo Don Quixote de la Mancha, compuesto por Miguel de Cervantes Saavedra. Nueva edicion corregida por la real Academia espanola. *En Madrid*, 1780, 4 vol. in-4, front. portraits, figures, vignettes et culs-de-lampe, veau porphyre, dos orn. fil. tr. dor.

Magnifique édition. Très bel exemplaire.

628. Les Principales Aventures de l'admirable Don
Quichotte, représenté en figures par Coypel, Picard
le Romain et autres habiles maistres, avec l'explication des trente et une planches de cette magnifique
collection, tirées de l'original espagnol de Miguel de
Cervantes. *La Haye*, 1746. In-4, mar. rouge foncé,
dos orn. fil. tr. dor. (*Thivet.*)

   Très belles épreuves.

629. La Vie et les Aventures surprenantes de Robin-
son Crusoé, par D. de Foé (traduction de l'abbé
des Fontaines). *A Londres(Paris, Cazin)*, 1784. 4 vol.
in-18, figures mar. rouge, fil. tr. dor. (*Rel. anc.*)

630. Voyages de Gulliver (par Swift, traduction de
l'abbé des Fontaines). *Paris, Didot,* 1797. 4 vol.
in-18, fig. mar. rouge, fil. dent. tr. dor. (*Bradel.*)

   Très joli exemplaire en papier vélin avec les charmantes
   figures de Lefebvre. Épreuves avant la lettre.

631. Werther, par Goethe, trad. nouvelle, précédée des
considérations sur Werther et en général sur la poésie de notre époque, par Pierre Leroux, accompagnée d'une préface par George Sand, dix eaux-fortes
par Tony Johannot. *Paris, V. Lecou et J. Hetzel,
s. d.* 1 vol. gr. in-8, fig. sur chine, v. fauv. dent. tr.
dor.

632. Le Faust de Gœthe, trad. revue et complète, précédée d'un essai sur Gœthe, par M. Henri Blaze.
Édition illustrée par M. Tony Johannot. *Paris*,
1847. Gr. in-8, demi-rel. chagr. ébarb.

6. FACÉTIES.

Facéties de divers genres. — Dissertations singulières.
Ouvrages sur l'amour, etc.

633. LE MONOPHILE, par Estienne Pasquier, Parisien
Paris, 1555. Petit in-8, mar. rouge, dos orn. fil.
doublé de mar. bleu, dent. int. tr. dor. (*Thibaron-*
Joly.)

634. L'ÉLOGE DE LA FOLIE, traduit du latin d'Erasme
par M. Gueudeville, nouvelle édition ornée de nouvelles figures. *S. l.* (*Paris*), 1751. In-4, front. et
figures d'Eisen, v. écaille, tr. dor.

Superbe exemplaire aux armes du duc d'Aumont.

635. LES JOYEUSETEZ, facéties et folastres imagi-
nations de Caresme-prenant, Gaulthier-Garguille,
Guillot Gorju, Roger-Bontemps, Turlupin, Taba-
rin, Arlequin, Moulinet, etc., etc. (publiées sous la
direction de M. Martin). *Et se vend à Paris, chez*
Techener, 1827-1834. 16 tomes en 18 vol. in-16, mar.
rouge. dos orn. fil. tr. dor. (*Koehler.*)

Un des deux exemplaires tirés sur papier de Chine.

636. LE MOYEN DE PARVENIR, contenant la raison de
tout ce qui a esté, est ou sera. *Nulle part,* 100070039
(1739). 2 vol. pet. in-12, mar. rouge, dos orn. fil.
tr. dor. (*Padeloup.*)

Charmant exemplaire.

637. LE CABINET D'AMOUR ET DE VÉNUS. *Cologne, chez*
les héritiers de Pierre Marteau, s. d. (vers 1690).

2 tomes en 1 vol. petit in-12, mar. rouge, dos orn.
fil. tr. dor. (*Anc. rel.*)

Ce recueil est, sous un titre différent, le même que celui
intitulé: *Bibliothèque de l'Arétin;* mais cette édition est plus
rare. M. Brunet n'en parle pas. Douze vignettes au trait ont
été ajoutées à cet exemplaire qui provient des bibliothèques
de M. Veinant et du comte de Béhague.

638. LES DIALOGUES du divin Pietro Aretino, entièrement et littéralement trad. pour la première fois.
Paris, 1879-80. 6 vol. in-12, vélin blanc, non rognés.

639. DIALOGUE DE L'ARÉTIN, où les Vies et Faits de
Laïs et Lamia, *courtisanes de Rome,* sont déduits.
Traduict d'italien en françois. *S. l. n. d.* In-12, mar.
bleu, fil. dent. dos orn. tr. dor. (*Capé.*)

640. LES MANTEAUX, recueil (par le comte de Caylus).
La Haye (Paris), 1746. 2 parties en 1 vol. in-12,
frontisp. grav. mar. rouge, fil. tr. dor. (*Anc. rel.*)

641. RECUEIL DE CES MESSIEURS (par le comte de Caylus).*Amsterdam,Wetstein,* 1745. In-12, mar. rouge,
fil. tr. dor. (*Anc. rel.*)

642. LE POT-POURRI, ouvrage nouveau de ces Dames et
de ces Messieurs (par de Caylus). *Amsterdam (Paris),* 1748. In-12, front. grav. mar. rouge, fil. tr.
dor. (*Anc. rel.*)

Cet ouvrage ne se trouve pas dans les œuvres badines de
Caylus.

643. ERROTIKA BIBLION (par Honoré-Gabriel Riquetti,
comte de Mirabeau). *A Rome, imprimerie du Vati-
can,* 1783. In-8, veau écaille, tr. marbr.

7. PHILOLOGIE.

Critiques. — Satires. — Anas.

644. L'ALCORAN DES CORDELIERS, tant en latin qu'en
françois, nouv. édition (publiée par P. Marchand),
ornée de figures dessinées par B. Picard. *Amsterdam,*
1734. 2 vol. — LÉGENDE DORÉE, ou sommaire de l'histoire des frères mendiants de l'ordre de Saint-Domi-
nique et de Saint-François, par N. Vignier. *Amsterdam,* 1734. Ens. 3 vol. in-12, figures, mar. rouge,
dos orn, fil. tr. dor. (*Rel. anc.*)

645. LA COMÉDIE des Académistes pour la réformation
de la langue françoise, pièce comique, avec le rôle
des présentations faites aux grands jours de ladite
Académie. *Imprimé l'an de la Réforme* (1650). In-12,
parchem.

    Plaquette rare. La dédicace est signée : Des Cavenets,
Charles, Margotelle de Saint-Denys, sieur de Saint-Évremont.

646. LE GRAND DICTIONNAIRE DES PRÉ-
TIEUSES... par le sieur de Somaize. *A Paris,*
1661. 3 parties en 1 vol. in-8, frontisp. gravé, mar.
rouge, dos orn. fil. tr. dor. (*Padeloup.*)

    Superbe exemplaire de Charles Nodier.

647. LE SECRET d'estre toujours belle (par de Somaize).
Paris, Claude Barbin, 1666. In-12, cart. du temps.

    Opuscule fort rare.

648.   L'INTRODVCTION AV TRAITE
     DE LA CONFORMITE DES
       meruelles anciennes auec les
           modernes.
               O V
     TRAITE PREPARATIF
       à l'Apologie pour Herodote.

   L'argument est pris de l'Apologie pour Herodote, composée en Latin par Henri Estiene,
   & est ici continué par luymesme.

   Tant d'actes merueilleux en cest œuure-liret,
   Que de nul autre après esmerueillé serez.
   Et pourrez vous sçauans du plaisir ici prendre,
   Vous non sçauans pourriez en riant y apprendre

     L'AN M. D. LXVI
       au mois de Nouembre.

Pet. in-8 de 16 ff. prélim. et 572 pag. mar. vert, fil.
tr. dor.

   Édition originale.

649. Le Barbon (par Jean-Louis Guez de Balzac). *Paris, Augustin Courbé,* 1648. In-8, front. gr. mar. bleu, dos orn. fil. dent. int. tr. dor. (*Thibaron.*)

Édition originale.

650. MENAGIANA, ou les Bons Mots et Remarques critiques, historiques, morales et d'érudition recueillies par ses amis. Nouvelle édition (publiée par la Monnoye). *Paris,* 1729. 4 vol. in-12, mar. rouge, fil. tr. dor. (*Reliure ancienne.*)

651. Menagiana, ou Bons Mots, rencontres agréables, pensées judicieuses et observations curieuses de M. Ménage, seconde édition. *A Paris, chez Pierre Delaulne* (Hollande), 1695. Pet. in-12, front. grav. mar. rouge, fil. tr. dor. (*Rel. anc.*)

652. Les Quand, notes utiles sur un discours prononcé (par Lefranc de Pompignan) devant l'Académie française, le 10 mars 1760 (par Voltaire). Sixième édition, augmentée des Si et des Pourquoi (de l'abbé Morellet). *A Genève,* 1760. In-12, v. fauv. fil. dent. int. tête dor. n. rog. (*Trautz-Bauzonnet.*)

653. MACROBII Expositio in Somnium Scipionis ex Ciceronis libro de Republica excerptum : et Saturnaliorum liber. (A la fin :) ... *Impressi Venetiis opera et impensa Nicolai Jenson Gallici.* M CCCC LXXII (1472). 2 parties en 1 vol. in-folio, mar. rouge, fil. dent. tr. dor. (*Anc. rel.*)

Première édition. Exemplaire du comte Boutourlin.

8. DIALOGUES. — ENTRETIENS ET ÉPISTOLAIRES.

654. ERASMUS. Familiarium colloquiorum Des. Erasmi Rot. opus, ab authore diligenter recognitum, emendatum et locupletatum : adiectis aliquot novis. *S. l. n. d. (Bâle, Froben,* 1526). In-12 allongé, mar. rouge, fil. tr. dor. *(Belz-Niedrée.)*

Les premières éditions de ce livre célèbre sont entourées de mystère. L'Église l'ayant mis en interdit, peu d'exemplaires de ces éditions échappèrent à la destruction. Celle-ci serait la seconde donnée par Froben à Bâle, de même que la première.

L'épître dédicatoire d'Érasme au célèbre imprimeur bâlois est datée *Calend. Aug.* 1524. Le volume a 336 ff. ch., suivis de 30 ff. n. ch. pour les scholies, un épilogue de l'auteur au lecteur daté 1526 *xii Cal. Junias Basileæ,* et un index. A la suite viennent cinq nouveaux colloques en 46 ff. ch., pourvus d'un titre.

C'est cette édition qui figure au catalogue Renouard (n° 2511), où elle est attribuée aux presses de Simon de Colines. Renouard la dit tellement rare, qu'il n'en a jamais vu que deux exemplaires : le sien, qui n'avait que la moitié du titre, et un autre qui n'en avait point et qui a passé en Angleterre.

Magnifique exemplaire, presque non rog. avec témoins (haut : 0,148). De la Bibliothèque Didot.

655. DIALOGUES DES MORTS, composez pour l'éducation d'un prince (par Fénelon). *A Paris,* 1712. In-12, mar. brun, jans. dent. int. tr. dor. *(Chambolle-Duru.)*

Édition originale.

656. Dialogues des Morts anciens et modernes, avec quelques fables, composez pour l'éducation d'un prince, par feu messire Fr. de Salignac de la Motte-Fénelon. *Paris*, 1718. 2 vol. in-12, mar. brun, jans. dent. int. tr. dor. (*Chambolle-Duru.*)

Édition originale.

657. Nouveaux Dialogues des Morts (par Fontenelle). *A Cologne, chez Jaques Dulont*, 1683. Pet in-12, mar. brun, jans. dent. int. (*Duru et Chambolle.*)

Exemplaire non rogné.

658. Jugement de Pluton sur les deux parties des Nouveaux Dialogues des Morts, par M. de Fontenelle. *A Paris*, 1704. In-12, v. fauv.

Édition originale.

659. Les Entretiens de feu M. de Balzac. *A Paris, chez Augustin Courbé*, 1657. In-4, vélin.

Édition originale.

660. Les Entretiens de M. de Voiture et de M. Costar. *A Paris, chez Augustin Courbé*, 1655. Petit in-4, titre frontisp. gr. d'après Chauveau, veau fauv. fil. tr. dor. (*Petit.*)

661. Césarion, ou Entretiens divers (par Saint-Réal). *A Paris, chez Cl. Barbin*, 1684. In-12, v. fauv. dos orn. fil. tr. dor. (*Thivet.*)

Édition originale.

662. Entretiens sur la Pluralité des Mondes (par Fontenelle). *A Paris, chez la veuve de C. Bla-*

geart. In-12, portr. mar. bleu, jans. dent. int. tr. dor. Édition originale.

663. Les Lettres d'Estienne Pasquier, conseiller et avocat général du roy en la Chambre des comptes de Paris. *Paris, chez Abel l'Angelier,* 1586. In-4, vélin.

664. Lettres choisies du sieur de Balzac. *A Paris,* 1647. 2 vol. in-8, grand papier, frontisp. gr. veau brun.

Édition originale.

665. Joannis Ludovici Guezii Balzacii carminum libri tres ; ejusdem Epistolæ selectæ. Editore Ægidio Menagio. *Parisiis, Aug. Courbé,* 1650. In-4, front. de Chauveau. vélin mod.

Édition originale. — Exemplaire avec envoi autographe signé de Balzac au marquis de Sillery.

666. Lettres familières de M. de Balzac à M. Chapelain. *A Paris, chez Augustin Courbé,* 1656. In-8, parch. à recouvr. tr. dor. (*Thivet.*)

667. Lettres de Mᵉ Descartes, où sont traittées les plus belles questions de la morale, physique, médecine et des mathématiques. *A Paris, chez Charles Angot, et se vendent à Leyden, chez Jean Elzevier,* 1657. — Lettres.... tome second. *Paris,* 1659. — Lettres... tome troisième et dernier. *Paris,* 1667. 3 vol. in-4, vélin mod.

Éditions originales.

668. Lettres persanes (par Montesquieu). *A Amsteram* (sic), *chez Pierre Brunii sur le Dam,* 1721. 2 vol.

in-12 (*à la Sphère*), mar. brun, jans. dent. int. tr. dor. (*Thivet.*)

Édition originale.

669. Recueil des lettres de Mme de Sévigné à Mme la comtesse de Grignan, sa fille. Nouvelle édition. (publiée par le chevalier Perrin). *A Paris, chez Rollin,* 1738. 6 vol. in-12, portraits, v. fauv. fil. tr. dor.

670. Recueil de lettres choisies pour servir de suite aux lettres de Mme de Sévigné (publié par D.-M. de Perrin). *A Paris, chez Rollin,* 1751. In-12, v. ant.

671. Lettres nouvelles de Mme la marquise de Sévigné à Mme la comtesse de Grignan, sa fille. *Paris,* 1754. 2 vol. in-12, v. marbr.

9. POLYGRAPHES.

672. PLUTARCHI Opuscula LXXXXII (sive moralia opera) græce. *Venetiis, in ædibus Aldi,* M. D. IX. Petit in-folio, mar. br. fers à froid, tr. dor. (*Thomas.*)
— Plutarchi quæ vocantur Parallela, hoc est, Vitæ illustrium virorum græci nominis ac latini, græce. *Venetiis, in ædib. Aldi,* MDXIX. Petit in-folio, mar. br. fers à froid, tr. dor. (*Thomas.*)

Beaux exemplaires de ces deux volumes qu'il est difficile de trouver réunis en bonne conservation et aussi grands de marges.

Le volume des *Parallèles* contient quelques notes mss. sur les marges.

673. ŒUVRES DU SEIGNEUR DE BRANTOME, accompagnées de remarques historiques et critiques (par Le Duchat), *La Haye,* 1740. 15 vol. pet. in-12, front. grav. mar. rouge, fil. tr. dor. (*Anc. rel.*)

Exemplaire aux armes du duc d'Aumont.

674. LES ŒUVRES diverses du sieur de Balzac. *A Paris, par P. Rocolet,* 1644. In-4, portr. parch.

Édition originale.

675. SOCRATE CHRESTIEN, par le sieur de Balzac, et autres œuures du mesme autheur. *Paris, Aug. Courbé,* 1652. Pet. in-8, frontisp. gr. vélin.

Édition originale.

676. LES ŒUVRES DE M. SARASIN. *A Paris, chez Aug. Courbé,* 1656. In-4, portrait, v. fauv.

Édition originale.

677. NOUVELLES ŒUVRES DE M. SARAZIN (publ. par Fleury, secrétaire de Ménage). *Paris, Cl. Barbin,* 1674, 2 tomes en 1 vol. in-12, mar. rouge, tr. dor. (*Thibaron.*)

Ces nouvelles œuvres, n'ayant été publiées qu'une fois, sont beaucoup plus rares que les premières, qui ont été souvent imprimées.
De la bibliothèque de M. Lebœuf de Montgermont.

678. ŒUVRES DE M. SCARRON, nouvelle édition... augmentée de quantité de pièces omises dans les éditions précédentes. *Amsterdam, Wetstein,* 1752. 7 vol. petit in-12, portrait et fig. v. écaille, fil. tr. dor.

679. LES ŒUVRES de M. de Cyrano-Bergerac. *A Paris,*

che₇ *Charles de Sercy,* 1676. 2 vol. in-12, portr. veau marbr.

680. LES NOUVELLES ŒUVRES de M. de Cyrano-Berge-rac, contenant l'histoire comique des Estats et em-pires du Soleil, plusieurs lettres et autres pièces di-vertissantes. *A Paris, che₇ Charles de Sercy,* 1662. In-12, parch. ant.

681. ŒUVRES MESLÉES, contenant : Considérations sur Annibal, Jugement sur Tacite et Salluste, Disserta-tion sur la tragédie d'Alexandre (de Racine), etc., par M. de S.-E. (Saint-Evremont). *Paris, Cl. Barbin,* 1668. Pet. in-12, 3 ff. prél. et 151 pages, mar. rouge, dos orn. fil. tr. dor. (*Hardy-Mennil.*)

Édition originale des premières œuvres de Saint-Evremont. Volume très rare. Joli exemplaire du docteur Danyau et de M. Lebœuf de Montgermont.

682. ŒUVRES MESLÉES du sieur de Saint-Evremont. *Sui-vant la copie, à Paris, che₇ Claude Barbin,* 1688. Pet. in-12, v. fauve, tr. dor.

683. ŒUVRES MESLÉES de M. de Saint-Evremont, pu-bliées sur les manuscrits de l'auteur par Des Mai-zeaux. *Londres,* 1709. 2 vol. gr. in-4, portr. mar. vert, dos orn. fil. tr. dor.

Superbe exemplaire en grand papier et recouvert d'une jolie reliure signée DEROME.

684. RECUEIL DE PIÈCES curieuses et nouvelles, tant en prose qu'en vers. *La Haye, Adrien Moetjens,* 1694-1701. 30 parties en 10 vol. pet. in-12, v. br.

Très rare complet. C'est dans cet ouvrage que parurent pour la première fois les contes en prose de Perrault.

685. Œuvres complettes de Gessner. *S. l. n. d. (Paris, Cazin)*, 1778. 3 vol. in-18, portr. 3 titres grav. et 14 figures de Marillier, mar. rouge, fil. tr. dor. *(Rel. anc.)*

686. Collection complète des œuvres de J.-J. Rousseau. *A Genève*, 1782. 15 vol. in-4, portr. gravé par Saint-Aubin, d'après La Tour, et 37 figures par Moreau et Le Barbier (la plupart avant la lettre), mar. rouge, fil. tr. dor. *(Reliure ancienne.)*

> Bel exemplaire auquel on a ajouté la suite des figures de Cochin avant la lettre et une lettre autogr. sig. fort curieuse, de Rousseau à la marquise de Créqui.

687. RECUEIL DE DIVERS OUVRAGES DE J.-P. MARAT, l'Ami du Peuple, réunis en 13 vol. in-8, vélin blanc.

> 1° L'Ami du Peuple, ou le Publiciste parisien, journal politique et impartial, par M. Marat. *Paris, chez Rochette*, du 22 juin au 15 octobre 1791, in-8°, portr.
>
> 2° Les Chaînes de l'esclavage, par J.-P. Marat, l'ami du peuple. *Paris, imprimerie de Marat, l'an premier de la République*, in-8° portr. parch. à recouvr. tr. rouge.
>
> 3° Offrande à la Patrie, ou discours au Tiers-État de France (par Marat). *S. l., au Temple de la liberté*, 1789, in-12 de 62 pages, parch. à recouvr. tr. roug.
>
> 4° Dénonciation faite au tribunal du Public, par M. Marat, l'Ami du Peuple, contre M. Necker, premier ministre des Finances. *S. l. n. d.*, in-8°, de 69 pp. parch. à recouvr. tr. rouge.
>
> 5° Les Charlatans modernes, ou lettres sur le charlatanisme académique, publiées par M. Marat, l'Ami du Peuple. *S. l., de l'imprimerie de Marat*, 1791, in-12 de 40 pp. parch. à recouvr. tr. rouge.
>
> 6° Convention nationale. — Appel nominal qui a eu lieu dans la séance permanente du 13 au 14 avril 1793, l'an deuxième de la République française, à la suite du rapport du comité de Législation sur la question : Y a-t-il lieu a accusation contre Marat, membre de la Convention nationale ?

par ordre de la Convention nationale. *Paris, de l'Imprimerie nationale, s. d.*, in-8° de 78 pp. parch. à recouv. tr. roug.

7° Appel à la Nation, par J.-P. Marat, l'Ami du Peuple, citoyen du district des Cordeliers et auteur de plusieurs ouvrages patriotiques. *S. l. n. d. (Paris, 15 février 1790)*, in-8° de 67 pp. parch. à recouv. tr. roug.

8° Portrait de Marat, par P.-F.-N. Fabre d'Églantine représentant du peuple, député de Paris à la Convention nationale. *A Paris, chez Maradan, seconde année de la République*, in-8° de 24 pp. portr. parch. à recouvr. tr. rouge.

9° Projet de déclaration des droits de l'homme et du citoyen, suivi d'un plan de Constitution juste, sage et libre, par l'auteur de l'Offrande à la Patrie (Marat). *A Paris, chez Dubuisson*, 1789, in-8° de 67 pp. parch. à recouv. tr. roug.

10° Plan de législation criminelle, par M. Marat. *A Paris, chez Rochette*, 1790, in-8', portr. de l'auteur, parch. à recouvr. tr. roug.

11° Recherches physiques sur l'électricité, par M. Marat. *A Paris, chez Nyon*, 1782, in-8°, planches gravées, parch. à recouvr. tr. rouge.

12° Recherches physiques sur le feu, par M. Marat. *Paris chez Cl.-Ant. Jombert*, 1780, in-8, figures, parch. à recouvr. tr. roug.

13° Découvertes de M. Marat, docteur en médecine et médecin des gardes du corps de Monseigneur le comte d'Artois, sur le feu, l'électricité et la lumière, constatées par une suite d'expériences nouvelles qui viennent d'être vérifiées par MM. les commissaires de l'Académie des sciences. *A Paris, de l'imprimerie Clousier*, 1779, in-8° de 38 pp. — Oraison funèbre de Marat, l'Ami du Peuple, prononcée par le citoyen F.-E. Guiraut, in-8° de 15 pp. Ens. 2 ouvrages réunis en 1 vol. in-8, parch. à recouvr. tr. rouge.

688. ŒUVRES BADINES et morales, historiques et philosophiques, de Jacques Cazotte. *A Paris, chez Jean-François Bastien*, 1817. 4 vol. in-8, papier vélin, figur. demi-rel. v. n. rog.

Bel exemplaire auquel on a ajouté la suite des jolies figures de Lefèvre pour *Olivier*; épreuves AVANT LA LETTRE, à toutes marges, sauf deux un peu moins grandes, très bien remontées à chassis.

Les figures de Marillier pour le *Diable amoureux*, *Maugraby*, *le Calife voleur*, *le Chevalier*, *Bohetzad*, *le Pouvoir du destin*, *Sinkarid*, et *Simoustapha*.

Deux figures de Chasselat, sur chine, AVANT LA LETTRE.

Une figure de Markl, aussi sur chine, AVANT LA LETTRE.

Un joli fleuron de Rouargue.

En tout 47 pièces.

Au commencement du premier volume on a ajouté une curieuse lettre autographe signée de *Cazotte*.

Exemplaire Em. Martin, vendu 245 fr.

HISTOIRE.

———

689. LE LIVRE DES CHRONIQUES du seigneur Jehan Ca-
rion, tourné de latin en françois par maistre Jehan
Le Blond. *Paris*, 1548. Pet. in-12, v. fauv. ant.
comp. de coul. sur les plats, tr. dor. (*Reliure lyon-
naise du* XVIe *siècle.*)

> Édition la plus recherchée de ces chroniques.

690. DISCOURS SUR L'HISTOIRE UNIVER-
SELLE à Mᵍʳ le Dauphin pour expliquer la suite
de la religion et le changement des empires, par
messire Jacques-Bénigne Bossuet. *Paris, Sébastien
Mabre-Cramoisy,* 1681. Gr. in-4, mar. roug. fil. tr.
dor. (*Anc. rel.*)

> Très bel exemplaire EN GRAND PAPIER, de l'édition originale.

691. HISTOIRE UNIVERSELLE du sieur d'Aubigné... *A
Maillé, par Jean Moussat,* 1616-1620. 3 tomes en
2 vol. in-folio, veau, armoiries sur les plats.

> Édition originale. Très rare. Bel exemplaire.

2. HISTOIRE ANCIENNE.

692. HERODOTI LIBRI NOVEM, quibus Musa-
rum indita sunt nomina (græce, ex recensione Aldi
Manutii). (A la fin :) *Venetiis in domo Aldi mense
septembri*, M. D. II. In-fol. mar. rouge, large dent.
tr. dor. (*Bozérian*.)

> Première édition et l'une des meilleures, dit le *Manuel*,
> qu'Alde ait publiées d'aucun ouvrage grec. L'impression et le
> papier en sont de toute beauté.
> Bel exemplaire de M. YEMENIZ, grand de marges (hauteur
> 319 millimètres).

693. THUCYDIDES (de bello peloponnesiaco lib. VIII,
gr.). *Venetiis, in domo Aldi*, M. DII 1502). In-folio,
mar. citr. comp. tr. dor. (*Rel. angl.*)

> Éditio princeps. Bel exemplaire du duc de Sussex.

694. TACITUS. Annalium et Historiarum libri. Libellus aureus de situ, moribus et populis Germaniæ et
dialogus de Oratoribus claris. *S. l. n. d.* (Venetiis),
Vendelinus de Spira (circa 1470). In-fol. mar. rouge,
plats ornés, tr. dor. (*Lortic*.)

> PREMIÈRE ÉDITION de Tacite, rare et précieuse; elle
> est exécutée en beaux caractères ronds à 36 lignes par page,
> sans chiffres ni signatures, et c'est le premier livre imprimé
> avec des réclames.
> Le premier feuillet commence ainsi : ‖ (N) A. M. Valerium
> Asiaticū bis consulem : fuisse ‖ ce qui est le commencement
> du XIᵉ livre des Annales, et le dernier feuillet finit par la cu-
> rieuse souscription suivante :

> > *Finis Deo laus*
> > *Cesareos mores scribit Cornelius esto*
> > *Iste tibi codex : historie pater est.*
> > *Insigni quem laude feret gens postera: pressit*
> > *Spira premens : artis gloria prima sue.*

D'après cette souscription, plusieurs bibliographes ont supposé que ce volume était le premier livre imprimé par Jean de Spire (vers 1468). M. Brunet l'attribue au contraire à Vendelin de Spire, qui aurait continué l'impression de l'ouvrage après la mort de son frère Jean.

695. Considérations sur les causes de la grandeur des Romains et de leur décadence (par Montesquieu). *Amsterdam, chez Jacques Desbordes*, 1734. In-12, mar. br. jans. dent int. tr. dor. (*Thivet.*)

Édition originale.

696. Histoire de Jules César (par Napoléon III). *Paris, Imprimerie impériale*, 1865. 2 vol. gr. in-4, cartes, demi-rel. avec coins, mar. brun, n. rog.

Envoi autographe à M. Le Verrier : *De la part de l'auteur. Napoléon.*

697. Cornelius Nepos. Æmilii Probi, viri clarissimi, de vita excellentium imperatorum. *Per M. Nicolaum Jenson Venetiis opus fœliciter impressum est anno* M CCCC LXXI. Gr. in-4, car. ronds, veau.

Editio princeps. Bel exemplaire, ayant du reste quelques notules manuscrites et une légère mouillure. Les deux premières initiales sont en or et couleurs. Petite piqûre dans les derniers feuillets.

698. Monumens de la vie privée des douze Césars, d'après une suite des pierres gravées sous leur règne (par d'Hancarville). *A Caprées* (sic), *chez Sabellus*, 1780. — Monumens du Culte secret des dames romaines, pour servir de suite aux Monumens de la vie privée des douze Césars. *A Caprée, chez Sabellus*, 1784. Ens. 2 vol. in-4, veau écaille, fil. dos orn. à la Padeloup. tr. dor. (*Rel. anc.*)

Première édition des deux ouvrages. Beaux exemplaires aux armes du marquis de Villeneuve-Trans.

699. L'HISTOIRE DE GEOFFROY DE VIL-
LEHARDOUYN... de la conqueste de Constantinople par les barons françois associez aux Vénitiens,
l'an 1204. D'un costé en son vieil langage et de l'autre
en un plus moderne et intelligible, par Blaise de
Vigenère. *Paris, Abel l'Angelier,* 1585. In-4, mar.
rouge, fil. dent. int. tr. dor. (*Chambolle-Duru.*)

Très bel exemplaire de la première édition d'un ouvrage
précieux sous le double rapport historique et grammatical.

3. HISTOIRE MODERNE.

A. HISTOIRE DE FRANCE.

700. DES RECHERCHES DE LA FRANCE, livre premier,
plus un pourparler du Prince, le tout par Estienne
Pasquier. *Paris, Vincent Sertenas,* 1560. Pet. in-8,
mar. bleu, fleurdelisé, tr. dor. (*Chambolle-Duru.*)

Première édition du premier livre.

701. LE SECOND LIVRE DES RECHERCHES DE LA FRANCE,
par Estienne Pasquier. *A Paris, pour Claude Sen-
neton,* 1565. In-4, parch.

Édition originale.

702. HISTOIRE DE FRANCE, depuis Pharamond jusqu'à
maintenant (1598), avec un Abrégé de la vie de
chaque reine, par François-Eudes de Mezeray. *Paris,* 1643-51. 3 vol. in-folio, fig. veau, marbr. mouillures.

Édition originale. Rare. Exemplaire avec les différents cartons signalés au *Manuel du libratre.*

703. L'Histoire et Chronique du très-chrestien roy
saint Loys IX du nom, etc:, escrite par feu messire
Jean sire, seigneur de Joinville. *A Poitiers, s. d., de
l'imprimerie d'Enguilbert de Marnef* (1547). In-4,
mar. vert, jans. dent. int. tr. dor. (*Chambolle-Duru.*)

Édition originale.

704. Mémoires de messire Jean, sire de Jonville. *Paris*, 1666. In-12, mar. rouge, fil. tr. dor. (*Derome.*)

705. LE PREMIER (second, tiers et quart) VOLUME
DE FROISSART des Croniques de France, d'Angleterre, d'Escoce, d'Espaigne, de Bretaigne, de Gascogne et lieux circonvoisins. (A la fin :) *Imprimé à
Paris, par Michel Le Noir...* 1505. 4 tomes en 3 vol.
petit in-folio, mar. rouge, fil. tr. dor. (*Reliure ancienne.*)

706. LE PREMIER (second et tiers) VOLUME
D'ENGUERRAND DE MONSTRELET... *Imprimé (par Michel Le Noir)*, 1512. 3 vol. petit in-folio, figures sur bois, v. éc. tr. dor. (*Rel. anc.*)

707. CRONIQUES DU ROY CHARLES HUY-
TIESME de ce nõ que Dieu absoille, cõtenãt la verité des faictz et gestes dignes de memoire dudict
seigneur qu'il feist en son voiage de Naples, et de la
conqueste dudit royaulme de Naples et pays adiacens. Et de son triumphãt et victorieux retour en son
royaume de Frãce. Cõpile et mise par escript en
forme de memoires par messire Phelippes de Cõ-
mines... (A la fin :) *Fin des Croniqs du vaillant
Roy... Et furẽt achevez dimprimer lan mil cïq cẽs*

xxviii (1528). *Pour maistre Enguillebert de Marnef, librayre iuré de luniversité de Paris.* Pet. in-folio goth. à longues lignes, mar. rouge à compart. de petits fers, doublé de mar. vert à compart. tr. dor. (*Masson-Debonnelle.*)

PREMIÈRE ÉDITION, rare. Très bel exemplaire.

708. MÉMOIRES DE MESSIRE PHILIPPE DE COMMINES, chevalier, seigneur d'Argenton, sur les principaux faicts et gestes de Louis onzième et de Charles huictième, son filz, roys de France. Reveus et corrigés pour la seconde fois par Denys Sauvage de Fontenailles en Brie. *Lyon, Jan de Tournes,* 1559. In-folio, mar. rouge, fil. plats à la Du Seuil, tr. dor. (*Anc. rel.*)

Bel exemplaire aux armes du président de Bailleul. De la bibliothèque du baron J. Pichon.

709. LES MÉMOIRES DE MESSIRE PHILIPPE DE COMMINES, sieur d'Argenton. *A Leide, chez les Elzeviers*, 1648. Pet. in-12, front. gr. mar. vert, dos orn. fil. tr. dor. (*Rel. anc.*)

710. LA CRONIQUE du très-chrestien et victorieux roy Loys unziesme du nom (que Dieu absolve) avec plusieurs histoires advenues tant ès pays de France, Angleterre, que Flandre et Artois, puis l'an mil quatre cens soixante et un jusqu'en l'an mil quatre cens quatre vintz et trois. *A Paris, en la boutique de Galliot du Pré*, 1558 (*à la fin* 1557). In-8. portr. mar. vert, fil. tr. dor. (*rel. anc.*)

Édition rare de cette chronique de Louis XI, plus connue sous le nom de *Chronique scandaleuse.*
Le titre de cet exemplaire a été doublé et restauré dans un

coin de la marge du fond et le feuillet du privilège est doublé.
Ex-libris de M. Bordes.

711. LES MÉMOIRES DE LA ROINE MARGUERITE. *A Paris,
chez Charles Chappellain,* 1628. In-8, mar. rouge
dos orn. fil. tr. dor. *(Du Seuil.)*

712. SATYRE MENIPPÉE de la vertu du catholicon d'Espagne et de la tenue des Estatz de Paris. *(S. l.)*,1593.
Pet. in-8, mar. bleu, fleurs de lis sur le dos et aux
angles des plats, tr. dor. *(Capé.)*

> Des quatre éditions en 255 pages que l'on connaît sous la
> date de 1593, celle-ci paraît être la première. On lit, aux
> pages 235 et suivantes, que l'auteur, se rendant à la salle des
> États, au Louvre, voit dans l'escalier qui y conduit plusieurs
> tableaux dont il donne la description. Le second qu'il décrit,
> page 236, est entièrement différent de celui qui se trouve
> dans les autres éditions sous la même date. Dans ce tableau,
> N. de Neuville de Villeroy, secrétaire d'État, est représenté
> recevant sur la tête une petite pluie d'or, ce qui veut dire
> qu'il s'était laissé corrompre par les doublons de l'Espagne.
> Or c'est ce même tableau qui se voyait dans les premières
> éditions et que Villeroy, s'étant rapproché du parti royal,
> avait eu le crédit de faire supprimer et remplacer par un
> autre (voir : *Satyre Ménippée, Ratisbonne, Kerner,* 1664,
> pages 4 et 7 de l'*Avis au lecteur* et l'édition de *Charpentier.
> Paris,* 1869, page 236).
>
> Ce serait donc une des plus anciennes éditions, sinon la
> plus ancienne de ce livre célèbre. *(Catalogue Taschereau,*
> n° 523.)

713. JOURNAL DE HENRI III, ou Mémoires pour servir à
l'histoire de France, par P. de l'Estoile, nouvelle
édition, accompagnée de remarques historiques et
des pièces les plus curieuses de ce règne (publ. par
Lenglet du Fresnoy). *La Haye et Paris,* 1744. 5 vol.
in-8, fig. — Journal du règne de Henri IV (par le
même), avec des remarques (par Lenglet du Fres-

noy). *La Haye (Paris)*, 1741. 4 vol. in-8, figures.
Ens. 9 vol. v. marbr.

714. Histoire du roy Henry le Grand, composée par
messire Hardouin de Péréfixe. *Amsterdam, chez
Louys et Daniel Elzevier*, 1661. Pet. in-12, vélin,
front. grav.

715. Les Mémoires de feu M. le duc de Guise (publiés
par M. de Sainctyon). *A Paris*, 1667. In-4, vélin,
mod.

Première édition.

716. Les Avantures du baron de Fœneste, comprinses
en quatre parties, les trois premieres reveues, augmentées et distinguées par chapitres. Ensemb. la qua-
triesme partie nouvellement mise en lumière par le
mesme autheur (A. d'Aubigné). *Au Dézert (Genève)*,
1630. In-8, mar. bleu, dos orn. dent. int. tr. dor.
(Niedrée.)

Édition originale, complète.

717. LES HISTORIETTES de Tallemant des Réaux.
Troisième édition, entièrement revue sur le manuscrit original et disposée dans un nouvel ordre par
MM. de Monmerqué et Paulin Paris. *Paris, Techener*, 1854-60. 9 vol. in-8, dos et coins de mar. bleu,
tr. sup. dor. ébarb. *(Allô.)*

Très bel exemplaire, auquel on a ajouté 171 portraits.
De la bibliothèque de M. de Marescot.

718. Mémoires de M. D. L. R. (de la Rochefoucauld)
sur les Brigues à la mort de Louis XIII et les guerres
de Paris et de Guyenne et la prison des princes.

Apologie pour M. de Beaufort. Mémoires de M. de la Chastre, etc. *A Cologne, chez Pierre van Dyck (Bruxelles, Foppens)*, 1662. Petit in-12, mar. rouge, dos orn. fil. tr. dor. (*Rel. anc.*)

719. MÉMOIRES DU CARDINAL DE RETZ. *Amsterdam*, 1731. 4 vol. — Mémoires de Guy Joly. *Amsterdam*, 1739. 2 vol. — Mémoires de Mme la duchesse de Nemours. *Amsterdam*, 1738. 1 vol. — Ens. 7 vol. in-12, portr. mar. vert, dos orn. fil. tr. dor. (*Padeloup.*)

> Édition la ·plus estimée de ces mémoires. Très bel exemplaire.

720. MÉMOIRES DE MESSIRE ROGER DE RABUTIN, comte de Bussy. *Paris, Anisson*, 1696. 2 vol. in-4, mar. r. tr. dor. (*Duru.*)

> Édition originale. Superbe exemplaire relié sur brochure et orné du beau portrait d'Edelinck.

721. MÉMOIRES DE M. D'ARTAGNAN, capitaine-lieutenant de la première compagnie des mousquetaires du roi, contenant quantité de choses particulières et secrettes qui se sont passées sous le règne de Louis le Grand. *A Amsterdam*, 1704. 4 vol. in-12, portr. v. marbr.

722. MÉMOIRES ET RÉFLEXIONS sur les principaux événemens du règne de Louis XIV et sur le caractère de ceux qui y ont eu la principale part, par M. L. D. L. F. (par M. le marquis de la Fare). *Amsterdam, Bernard*, 1749. In-8, mar. rouge, fil. tr. dor. (*Rel. anc.*)

723. JOURNAL de M. le cardinal duc de Richelieu, qu'il a fait durant le grand orage de la cour, tiré des mé-

moires écrits de sa main, avec diverses autres pièces
remarquables concernant les affaires arrivées de son
temps. *Paris, par la Société des Libraires du Palais,*
1665. 2 tomes en 1 vol. pet. in-12, v. brun, fil. à
froid, dent. int. tr. roug.

724. TESTAMENT politique du cardinal duc de Richelieu.
A Amsterdam, chez Henri Desbordes, 1691. 2 tomes
en 1 vol. pet. in-12, veau vert, fil. tr. jasp.

725. ALMANACH du père Gérard pour l'année 1792, par
J.-M. Collot d'Herbois. *Paris, chez Buisson,* 1792.
— La Constitution française décrétée par l'Assemblée nationale constituante aux années 1789-90-91,
acceptée par le roi le 14 septembre 1791. *A Paris,*
chez Garnery, 1791. Ens. 2 ouvrages réunis en
1 vol. in-16, figures mar. vert, doublé de tabis rose,
dos orn. tr. dor.

B. HISTOIRE DE QUELQUES PAYS ÉTRANGERS.

726. HISTOIRE DE LA CONJURATION DE PORTUGAL (par Vertot). *Paris,* 1689. In-12, frontisp, gravé, réglé, mar.
rouge, fil. tr. dor. (*Rel. anc.*)

   Bel exemplaire de l'édition originale.

727. CONJURATION des Espagnols contre la République
de Venise, en l'année 1618 (par Saint-Réal). *A Pa-*
ris, chez Claude Barbin, 1674. In-12, mar. vert, dor
orn. fil. dent. int. tr. dor. (*Cuzin.*)

   Édition originale.

728. La Conjuration du comte Jean-Louis de Fiesque
(par le cardinal de Retz). *A Paris, chez Claude Barbin*, 1675. In-12, mar. rouge, dos orn. fil. dent. int.
tr. dor. (*Chambolle-Duru.*)

Édition originale.

729. Histoire de Charles XII, roi de Suède, par M. de
V*** (Voltaire). *A Basle, chez Christophe Revis,*
1731. 2 vol. in-12, mar. rouge, jans. tr. dor. (*Duru.*)

Édition originale.

BIBLIOGRAPHIE

730. MANUEL DU LIBRAIRE et de l'Amateur de livres, par
J.-Ch. Brunet. *Paris, Didot*, 1860-65. 6 vol. gr. in-
8, demi-rel. mar. vert, n. rog.

731. MANUEL DU LIBRAIRE et de l'Amateur de livres.
Supplément, par MM. P. Deschamps et G. Brunet.
Paris, Didot, 1878. 2 vol. gr. in-8, demi-rel. avec
coins, mar. vert, n. rog.

732. GUIDE DE L'AMATEUR de livres à vignettes et à figures du XVIIIᵉ siècle, quatrième édition, par Henry
Cohen. *Paris, Rouquette* 1880. Gr. in-8, demi-rel.
avec coins, mar. rouge, n. rog.

733. BIBLIOGRAPHIE CORNÉLIENNE, ou Description rai-
sonnée de toutes les éditions des œuvres de Pierre
Corneille, des imitations ou traductions qui en ont
été faites et des ouvrages relatifs à Corneille et à ses
écrits, par Émile Picot. *Paris, Auguste Fontaine*,
1876. In-8, portr. br.

734. BIBLIOGRAPHIE MOLIÉRESQUE, par Paul Lacroix,
Paris, Auguste Fontaine, 1875. In-8, portr. br.

TABLE DES DIVISIONS

HISTOIRE

Paris. — Typ. G. Chamerot, 19, rue des Saints-Pères. — 11893.

EN PRÉPARATION

TABLE ALPHABÉTIQUE

DES

NOMS D'AUTEURS

ET DES

OUVRAGES ANONYMES

DE

LA BIBLIOTHÈQUE DE M. P. G. P.

SUIVIE

De la Liste des prix d'Adjudication.

CATALOGUE

DE

LIVRES RARES & PRÉCIEUX

ET

D'OUVRAGES A FIGURES

Dont la Vente aura lieu les 27 et 28 février 1882

Paris. — Typ. G. Chamerot, 19, rue des Saints-Pères. — 11853.

www.ingramcontent.com/pod-product-compliance
Lightning Source LLC
Chambersburg PA
CBHW061011280326
41935CB00009B/915